La educación y la enseñanza infantil de 3 a 6 años

Bernabé Tierno • Montserrat Giménez

La educación y la enseñanza infantil de 3 a 6 años

¡Mira lo que hago!

El juego • Mamá y papá • El cole • Los miedos

AGUILAR
Santillana Familia

© 2004, Bernabé Tierno
© 2004, Montserrat Giménez

© De esta edición:
  2004, Santillana Ediciones Generales, S. L.
  Torrelaguna, 60. 28043 Madrid
  Teléfono 91 744 90 60
  Telefax 91 744 90 93

• Aguilar, Altea, Taurus, Alfaguara, S. A.
  Beazley 3860. 1437 Buenos Aires
• Aguilar, Altea, Taurus, Alfaguara, S. A. de C. V.
  Avda. Universidad, 767, Col. del Valle,
  México, D.F. C. P. 03100
• Ediciones Santillana, S. A.
  Calle 80 Nº 10-23
  Bogotá, Colombia

Diseño de cubierta: Agustín Escudero
Dibujo de cubierta: Paula Moreno
Ilustraciones: Pablo Espada

Primera edición: enero de 2004

ISBN: 84-03-09413-2
Depósito legal: M-51.447-03
Impreso en España por Unigraf, S. L., Móstoles (Madrid)
Printed in Spain

A Paco y a Marina

Índice

Prólogo

Tu hijo tiene entre 3 y 6 años. Ya no es un bebé. Durante esta etapa va a experimentar una serie de cambios fundamentales en su desarrollo y es normal que te intereses por conocer qué es lo que le está pasando.

Por otro lado, te habrás dado cuenta de que la relación que estableces con él ha cambiado en los últimos años, posiblemente en los últimos meses. El desarrollo del lenguaje, uno de los acontecimientos más significativos de este periodo, te permite hablar con él y descubrir a su lado un mundo lleno de posibilidades y de opciones.

Pero además, también surgen dificultades. Tu hijo está en una fase en la que empieza a construir su personalidad. Se rebela como si fuera un adolescente mediante una rabieta casi imposible de controlar; quiere hacer algunas cosas solo y se pone cabezota si no lo consigue; fantasea sobre lo «fuerte» que es, pero tiene miedo de la bruja mala que aparece en el cuento... Son dificultades propias de esta edad y no siempre sabemos cómo hacerles frente.

Por todo ello surge este libro. Afortunadamente, cada vez tenemos un mayor conocimiento de la psicología y el desarrollo del niño, y eso nos permite saber cómo ayudarle y contribuir a que su crecimiento sea el adecuado. El conocer también tranquiliza, pues muchas veces podemos caer en el error de alarmarnos ante un comportamiento de nuestro hijo que resulta totalmente normal o apropiado para su edad.

Debemos tener en cuenta, además, que nuestra sociedad es cada vez más compleja y que eso dificulta nuestra tarea como padres. Las cosas cambian demasiado rápido y no siempre tenemos tiempo para asimilarlas ni para encontrar la mejor manera de responder ante ellas.

Posiblemente pienses que tus padres nunca necesitaron un libro para educar, y tú consideras que fuiste educado de forma adecuada. Y es cierto. Pero las circunstancias en las que tú creciste son muy diferentes a las actuales.

Muchos padres se sienten culpables porque tienen problemas con sus hijos. Les cuesta hablar de ellos porque piensan que los demás creerán que es un mal padre o una mala madre. Nada más lejos de la realidad. Es completamente normal que no siempre sepamos cómo actuar y, desde luego, lo más inteligente es buscar la ayuda y el apoyo que necesitamos para resolver nuestras dificultades.

En este sentido podemos apoyarnos en los profesores, que atienden y conocen a nuestros hijos. El niño va a pasar mucho tiempo en la escuela y allí recibirá una formación en todos los niveles. El profesor es el adulto que le acompaña y orienta en este proceso. Puedes compartir con él tus inquietudes y todas las dudas que se te planteen en la educación de tu hijo. Eso no significa que tú no sepas educar, sino que las tareas resultan más fáciles y fructíferas cuando son compartidas.

¿Qué es lo que vas a aprender con este libro?:

• En primer lugar, vas a adquirir unas nociones básicas del desarrollo de tu hijo en sus múltiples facetas. Para estudiar al ser humano, los psicólogos, pedagogos, filósofos, médicos, etc. han tenido en cuenta diferentes dimensiones: el crecimiento, el pensamiento, la conducta motora, los afectos... Todas ellas están íntimamente relacionadas, pues no se pueden entender por separado. En este libro encontrarás las características más importantes de cada una de estas áreas, y todas juntas te permitirán tener una visión global del desarrollo de tu hijo.

• En segundo lugar, a partir del desarrollo del niño, empezarás a descubrir lo que tu hijo necesita de ti. Y ya te adelantamos que va a ser básicamente afecto. Desde el auténtico cariño se pueden lograr muchas cosas, porque el que ama de verdad acepta sin límite, y ésa es la base para poder construir una adecuada personalidad. Y no olvides que tu hijo te necesita. Es cierto que ahora, en el periodo de 3 a 6 años, cada vez te va a ir demandando más independencia: va a querer hacer las cosas por sí solo, va a buscar la compañía de otros niños para jugar con ellos, etc., pero tú sigues siendo un punto de referencia esencial en su crecimiento.

No confundas independencia con falta de cariño. Tu hijo sigue necesitando tu afecto, gracias a él se va a sentir seguro y confiado, y eso le permitirá establecer relaciones con los demás, descubrir el entorno que le rodea, emplearse a fondo en las distintas actividades. Pero también necesita que le permitas ser autónomo, experimentar que puede hacer cosas por sí mismo.

• En tercer lugar, encontrarás las pautas educativas más eficaces para ayudarle a madurar de forma adecuada. Somos conscientes de que educar no es una tarea sencilla y que es normal que surjan dificultades, bien por el propio desarrollo del niño o bien por el tipo de relación que vamos estableciendo. En este libro hallarás pistas, estrategias, claves..., que te permitirán descubrir qué es lo que mejor se adapta a la relación que mantienes con tu hijo.

Pero recuerda: esto no es un libro de recetas. De hecho, éstas no existen en educación. No hay soluciones mágicas, ni consejos que se puedan aplicar a todos los casos, ni estrategias que sirvan en todas las situaciones. Pero sí podemos educar nuestra actitud para ver en nuestros hijos potencialidades, en vez de errores; para partir siempre de la tranquilidad que supone sentirnos a gusto con nosotros mismos y estar seguros de nuestros propios valores.

En la última parte del libro encontrarás el capítulo dedicado a la salud. Para realizarlo hemos contado con la colaboración de la doctora María Sáinz, presidenta de la Asociación de Educación para la Salud, a quien agradecemos que haya compartido con nosotros su experiencia y profesionalidad.

También queremos agradecer la colaboración del profesorado, que nos ha ayudado a delimitar los problemas más frecuentes entre los niños de 3 a 6 años y aquellas indicaciones que, desde su experiencia, considera más adecuadas para resolverlos.

Una vez más queremos insistir en la importancia de colaborar con los profesores que se ocupan de la educación de nuestros hijos. Ellos son corresponsables, junto con los padres, de una tarea fundamental cuyo protagonista es el niño. Merece la pena trabajar juntos.

Se abre ante ti un mundo apasionante: la educación de tu hijo. Y este libro pretende ser una ayuda para acompañarte en ese proceso, permitiéndote descubrir los cambios más significativos y las claves que te permitan contribuir al desarrollo de tu hijo.

Por último, te animamos a que participes activamente en ese proceso de aprendizaje que inicia tu hijo. Él es el que mejor te puede enseñar la importancia de que estés a su lado.

Los autores

PRIMERA PARTE
EL DESARROLLO EVOLUTIVO DEL NIÑO

Introducción

Durante los años que han transcurrido desde que nació, tu hijo ha experimentado muchos cambios. Ha pasado de ser un bebé que estaba todo el día tumbado y que actuaba por reflejos, a ser autónomo y a moverse libremente. Además, ha aprendido a comunicarse y actualmente utiliza muchísimas palabras que le permiten decirte lo que necesita y desea.

Pero a tu hijo todavía le quedan muchas cosas por descubrir y por aprender. Se abre ante él, y ante ti, un mundo fascinante en el que perfeccionará muchos movimientos que le permitirán dibujar y escribir, un vocabulario que le ayudará a comunicar también sentimientos y fantasías, una forma de pensar que le facilitará una mejor comprensión del medio que le rodea.

Tu papel como padre o madre va a ser esencial en estos momentos. Eres el principal punto de referencia a partir del cual tu hijo va a experimentar y a conocer su entorno, y lo hará con seguridad y confianza porque sabe que tú estás ahí, que le observas, que le pones nombres a las cosas, que le ayudas cuando tiene dificultades y que disfrutas con él continuamente.

Ese sentimiento de seguridad le va a permitir afrontar con confianza todos y cada uno de los retos que se le presenten.

A continuación encontrarás los cambios más significativos que experimentará tu hijo en la etapa que va desde los 3 a los 6 años.

Lo que piensa
Desarrollo intelectual

Lo que dice
Desarrollo del lenguaje

Tu hijo crece
Cambios físicos

¡Mira lo que hago!
Desarrollo de sus movimientos

¿Cómo soy?
Desarrollo de su personalidad

El dibujo y el juego
Manifestaciones de lo que es y puede hacer

Respetar el ritmo

A pesar de que existan características propias de una edad determinada, lo cierto es que cada niño es un ser individual con su propio ritmo de desarrollo. Respetar este ritmo es importante porque:

- Así transmitimos al niño seguridad. Cuando le exigimos más de lo que realmente puede hacer, le generamos demasiado nerviosismo, lo que le impide sentirse seguro para iniciar nuevas conductas.
- Demostramos al niño que lo aceptamos tal y como es. Ello constituye uno de los pilares básicos para su desarrollo.
- Podemos ayudarle en su proceso de aprendizaje facilitándole un ambiente adecuado, pero no podemos forzar que su desarrollo sea más rápido.
- Nos encontramos más tranquilos para observar su ritmo de desarrollo. Si estamos serenos, podremos detectar mejor alguna dificultad concreta o un comportamiento que no es propio de la edad. En ese caso, el conocimiento de los profesores nos será muy útil, porque podemos comentar con ellos lo que nos inquieta y descubrir lo que puede estar pasando.

Perder la calma, ponernos nerviosos o dejarnos llevar por el alarmismo no ayudará al niño.

Aunque los cambios se presentan organizados por edades, lo cierto es que cada niño lleva su propio ritmo de desarrollo, así que no te alarmes si tu hijo todavía no domina algo que ya han empezado a hacer otros niños de la misma edad. Lo fundamental es aceptar estas diferencias en el desarrollo para proporcionar al niño la seguridad que necesita para seguir creciendo.

Tu hijo crece

Tu hijo va a seguir creciendo en este periodo de tiempo, aunque a un ritmo más lento que en los años anteriores. Es posible que a partir de los dos años, el niño se vaya haciendo más delgado, una tendencia que va a continuar hasta la mitad de la niñez.

Entre los 3 y los 4 años se produce el mayor gasto proporcional de energía en toda la vida humana. El cerebro del niño también se va a desarrollar, y se establecerán más conexiones entre las neuronas, lo que le va a permitir aprender muchas cosas. Para conseguirlo, necesitará un ambiente rico en estímulos, en el cual pueda observar, tocar, relacionarse con otras personas...

Tu contribución en el proceso de desarrollo de tu hijo va a ser determinante. Para poder ayudarle como necesita, es fundamental que conozcas las principales características de su crecimiento.

Capítulo I

¡Mira lo que hago!

La forma en que tu hijo camina, corre, salta, brinca... se va a ir perfeccionando a lo largo de este periodo. También se van a afinar los movimientos más precisos relacionados con coger cosas como el lápiz o los diferentes juguetes. Veamos ahora cuáles son los cambios más significativos relacionados con la movilidad en cada una de las edades.

A LOS 3 AÑOS

Entre los 2 y los 3 años tu hijo habrá aprendido a andar de forma automática, es decir, no necesita prestar atención a qué pie tiene que adelantar en cada momento para dar el siguiente paso, sino que lo hace sin pensar. Además, es capaz de hacer otras cosas mientras camina, por ejemplo, arrastrar o empujar juguetes.

Sus pies son mucho más seguros, lo que le permite correr a mayor velocidad o pedalear sobre un triciclo. Puede caminar de puntillas, mantenerse en equilibrio sobre un pie y subir escaleras alternando los pies. Para bajar aún necesita apoyar los dos pies en el mismo escalón.

También se maneja mucho mejor manipulando las cosas. Puede construir torres de hasta nueve o diez cubos, y se divierte metiendo —y sacando— pequeños objetos en una caja. En cuanto a los hábitos cotidianos, tu hijo sigue aprendiendo a comer solo, es capaz de echar agua en un vaso, quitarse prendas de vestir y ponérselas si no es muy difícil (por ejemplo, quitarse los pantalones), desabrochar botones... Su forma de coger el lápiz va a ser similar a la del adulto, y es capaz de repetir cuadrados y cruces si le enseñas cómo se hace y él te imita.

Como maneja sus manos tan bien, va a disfrutar con los juegos que le permitan encajar unas piezas en otras, insertar cuentas para hacer un collar y todas aquellas tareas que le exijan una gran precisión.

26

A LOS 4 AÑOS

Tu hijo ya no corre, vuela. A esta edad el niño puede correr a mucha velocidad, detenerse bruscamente y girar dando vueltas muy cerradas. Puede permanecer en equilibrio sobre un solo pie durante más tiempo que antes. También es capaz de cambiar con facilidad el ritmo mientras camina y corre: ahora va despacio; ahora va deprisa. Esto se debe a que ha conseguido mayor independencia en la musculatura de sus piernas, lo que le permite, entre otras cosas, agacharse con facilidad y sin apoyo y saltar a la cuerda.

En cuanto a sus manos, sigue progresando en precisión. Ahora, por ejemplo, es capaz de construir torres de manera más ágil y usando las dos manos de forma independiente, cogiendo una pieza con una mano y soltando la que tiene en la otra. En lo que se refiere a los hábitos cotidianos, sigue progresando para comer solo; se abrocha y desabrocha los botones sin problemas y hace el lazo con los cordones de los zapatos. Le resulta más fácil desvestirse que vestirse.

También maneja el lápiz mucho mejor, aunque, lógicamente, todavía su trazo es torpe. A pesar de que el control motor está muy desa-

rrollado, aún le queda coordinar algunos movimientos. Por ejemplo, a tu hijo le costará bastante utilizar el cuchillo y el tenedor para partir la comida. Pero fíjate en el movimiento: exige que una mano esté quieta, sujetando con fuerza el tenedor, mientras que la otra tiene que sujetar el cuchillo y moverlo horizontalmente. Con el paso del tiempo y la práctica, irá dominando estos movimientos que requieren hacer cosas diferentes con ambas manos de forma simultánea.

A LOS 5 AÑOS

El niño de esta edad tiene un importante control y dominio sobre su propio cuerpo, lo que le permite sentirse confiado, más seguro y *alocado* en sus juegos. No para quieto, parece tener una energía inacabable. Tu hijo es capaz de brincar y saltar sin dificultad, puede lanzar un balón y recogerlo con sus manos si se lo lanzas desde una posición cercana.

Maneja los objetos con destreza, coordina con gran precisión los diferentes movimientos y eso se manifiesta en la habilidad para hacer construcciones cada vez más complejas; así podemos observar cómo, por ejemplo, va colocando las piezas con equilibrio, posando suavemente unas sobre otras, preocupándose de que estén bien alineadas para lograr una mayor estabilidad.

En cuanto a las habilidades cotidianas, el niño de 5 años puede realizar su aseo personal si antes se le ha venido enseñando: puede bañarse, lavarse y secarse, limpiarse los dientes con el cepillo, peinarse...

El manejo del lápiz es casi perfecto. Posee mayor dominio en los gestos finos; así, se le puede ver recortando, picando o pegando sobre una línea recta sin salirse.

Es en este momento cuando el niño establece la lateralidad. Con este concepto nos referimos, entre otras cosas, a que los niños van a utilizar preferentemente una mano para comer, pintar... Durante mucho tiempo —a lo mejor tú tienes experiencia directa— se obligaba al niño a utilizar la mano derecha para escribir, aunque de forma espontánea él cogiera el lápiz con la izquierda.

La preferencia por una mano se manifiesta muy pronto en el desarrollo, pero será entre los 3 y los 6 años cuando se estabilice. El niño va a utilizar la derecha o la izquierda porque, en cierto modo, su cerebro se lo manda. Intentar modificar la preferencia lateral del niño puede ir en contra de su organización cerebral. Por otro lado sabemos que no se es más o menos inteligente o hábil por usar una mano frente a otra. Ante casos en los que el niño no manifiesta una preferencia demasiado clara, el profesor podrá orientarlo hacia aquello que más le conviene.

A LOS 6 AÑOS

Posiblemente tu hijo no se esté quieto ni un momento. Salta, trepa, corre, sube y baja escaleras

¡Mi hijo se hace pis!

La mayoría de los niños aprende a controlar los esfínteres (es decir, van al baño para hacer pis y caca) en torno a los 2-3 años, aunque muchos empiezan más tarde y se puede considerar normal.

En cuanto a la edad adecuada para iniciar al niño en este hábito, sabemos que intentarlo antes de tiempo (de los 2/3 años) puede ser perjudicial para él, pues es posible que todavía no esté preparado desde un punto de vista neurobiológico. Tampoco hay que demorarse ni esperar a que el niño aprenda por sí solo.

En un primer momento, debemos enseñar al pequeño a detectar sus ganas de ir al baño. Cuando creemos que el niño está preparado y le quitamos el pañal (primero durante el día y, una vez logrado, durante la noche), hay que ser paciente y transmitirle seguridad.

Es normal que al principio se produzcan *accidentes*, y es importantísimo que no culpemos al niño, sino que le animemos, para que este aprendizaje no se convierta en una frustración.

Los padres también debemos estar atentos, y si observamos comportamientos que delatan que tiene ganas (junta las piernas, se mueve nerviosamente o se toca los genitales), deberemos preguntar al niño y decirle que vaya al baño. Así le enseñaremos a interpretar la sensación de tener ganas.

Ante dudas y/o dificultades podemos hablar con el profesor, para enseñarle juntos. Si en torno a los 5-6 años no existe control, lo más adecuado es consultarlo con los especialistas (médico, psicólogo...).

a toda velocidad. Todo su afán es hacer cosas, demostrar su destreza, su agilidad y fuerza. Coordina muy bien los brazos, lo cual le permite, por ejemplo, botar la pelota alternativamente con la mano derecha e izquierda. También consigue atrapar un balón que le lancemos desde algo más de un metro de distancia; y él, a su vez, es capaz de lanzarlo con fuerza hacia nosotros.

Aunque todavía le quede un poco para conseguir movimientos finos y precisos, lo cierto es que en este momento ya tiene un gran control sobre los objetos; se entretiene mucho armando y desarmando juguetes que se puedan desmontar.

Dibujar, colorear y calcar son tareas que realmente le atraen y le divierten, como si el dibujo le sirviera de sedante en su inagotable actividad.

CÓMO CONTRIBUIR A SU DESARROLLO

• **Facilítale el movimiento.** Sí, ya sabemos que en casa hay poco espacio, que hay demasiados muebles y muchas cosas de valor, pero tu hijo necesita correr, saltar, liberar toda la energía que lleva en su interior. Por eso, si es posible, en casa debe disponer de un espacio donde pueda moverse con cierta libertad (aunque también con límites).

Por otro lado, conviene que el niño esté al aire libre. En el parque puede moverse sin problemas. Así que, siempre que se pueda, conviene visitar sitios abiertos donde no haya problemas para correr, ir en triciclo o bicicleta, jugar al balón...

Tu hijo no puede estar demasiado tiempo quieto, y, aunque es cierto que hay que irle enseñando, te ahorrarás muchas peleas si aceptas que tiene que moverse, que hay objetos que debes colocar fuera de su alcance, que has de ser permisivo con sus carreras por el pasillo, etc.

• **Permítele que explore.** Más de una vez tu hijo habrá encendido la lavadora o abierto los grifos del lavabo. Necesita conocer cómo funcionan las cosas, y, además, te ve a ti hacerlo y quiere imitarte. Enséñale lo que puede y no puede tocar y permítele que lo haga cuando tú estás cerca para supervisarle.

- **Proporciónale juguetes y objetos que pueda manipular sin peligro.** Los niños van a desarmar casi todo lo que caiga en sus manos. No es que quieran romperlo, tan sólo desean saber cómo son las cosas y cómo funcionan.

- También es importante que **dispongan de material para desarrollar movimientos más finos y precisos,** como lápices, colores, tijeras de punta redonda... Con ellos puede desarrollar su creatividad, su atención, etc.

- **Observa cómo se desarrolla la lateralidad** de tu hijo. Poco a poco irá estableciendo cuál es su mano dominante para comer, pintar... Recuerda que no es adecuado corregirle y sí permitirle que utilice aquella mano con la que él se maneje mejor.

- **Permítele que haga lo que puede hacer** y que se entrene en lo que no domina. Es cierto que le cuesta coger la comida con el tenedor, pero para aprender a hacerlo necesita práctica. No se lo des todo hecho y deja que vaya mejorando sus movimientos en todos los hábitos cotidianos (comer, vestirse, asearse...).

Capítulo II

¿Cómo soy?

La personalidad de tu hijo se va a ir conformando a medida que vaya creciendo y en función, principalmente, de las experiencias que vaya teniendo. Es cierto que nacemos con un temperamento determinado que nos hace más o menos tranquilos, más o menos nerviosos; pero la personalidad no es algo que se hereda, sino que se construye.

Y en este proceso adquieren una especial relevancia las relaciones que mantenemos con los demás. Durante toda la infancia tú vas a ser el principal punto de referencia de tu hijo. Poco a poco, se irán añadiendo otras relaciones que le permitirán descubrirse a sí mismo y conformar su propia identidad.

Aunque no podemos determinar cómo va a ser la personalidad de un niño, algunos rasgos de su desarrollo nos permiten entender por qué se comporta de una cierta manera y cómo van a influir en su carácter las relaciones que mantiene con los demás.

Las siguientes pistas te ayudarán a comprender mejor a tu hijo:

- Alrededor de los 15 meses tu hijo va a ser capaz de reconocer su imagen en un espejo. Ésta es una de las primeras manifestaciones de que empieza a verse a sí mismo como un ser diferente a los demás. Alrededor de los 2 años, el reconocimiento del yo, de sí mismo, se ha consolidado. Lo podrás observar cuando se señala en las fotos que le enseñas y en lo frecuentemente que utiliza los pronombres «yo» y «mí». Cuando se relaciona con otros niños, incluso cuando hay muchos juguetes, es habitual que a esta edad tu hijo diga que todo es suyo. Aunque nos pueda parecer una manifestación de egoísmo, lo cierto es que utilizar estas expresiones le ayuda a fortalecer el reconocimiento de sí mismo.

- Entre los 2 y los 3 años el niño se encuentra en un estado presocial, es decir, le va a costar relacionarse con los demás y se va a oponer con mucha frecuencia a lo que le propones. Es el momento del «no», del uso de las rabietas para salirse con la suya. Esta etapa de oposición es normal y forma parte de un desarrollo adecuado. Algunas veces se ha llamado a este momento la «primera adolescencia», pues realmente el niño parece comportarse como tal, oponiéndose por sistema a cualquier sugerencia. Mediante esta oposición, el niño tendrá la posibilidad de conocerse mejor a sí mismo.

Tu hijo irá superando esta etapa (aunque de vez en cuando tenga algún berrinche) y se mostrará mucho más colaborador y participativo. Llevará la ropa sucia a la lavadora o ayudará a poner la mesa si se lo pides.

- A los 4 años, tu hijo va a saber combinar su independencia con las relaciones que mantiene con los demás. Es frecuente que en sus conversaciones aparezcan algunas *mentiras*, que no son sino manifestaciones de la imaginación y creatividad que le caracterizan en estos momentos. No lo hace por malicia, simplemente le cuesta distinguir entre la realidad y la fantasía.

- A los 5 años, el niño sigue siendo colaborador, y es mucho más independiente para realizar las tareas. En cuanto a sus relaciones con los demás, le gusta jugar mejor con un solo compañero que con dos. Cuando están tres niños jugando, es bastante habitual que dos de ellos hagan buenas migas y dejen solo al tercero. Pero también puede jugar en pequeños grupos y, en ocasiones, inventarse compañeros de juego imaginarios.

- A los 6 años se produce un cambio importante en el comportamiento del niño. Surgen en él conductas contradictorias: tan pronto está contento y te muestra su cariño, como le da por enfadarse. Suelen ser enfados explosivos e inesperados. Se dedica a hacer payasadas y gracias para llamar la atención y puede llegar a burlarse de los adultos. Esta misma actitud la traslada a lo que hace. Así, puede empezar las cosas con entusiasmo, pero desanimarse rápidamente si no salen como él quiere. El estímulo y el refuerzo por tu parte y por la de los profesores será muy importante para mantener un nivel de motivación y esfuerzo adecuado.

Como ves, tu hijo va a ir pasando por diferentes etapas que le permitirán reafirmar su personalidad e iniciar contacto con los otros. Ya veremos cómo se establecen estas relaciones y cómo contribuyen a su desarrollo emocional.

Capítulo III

Lo que tu hijo piensa

Desde el momento en que nació, tu hijo ha ido desarrollando su inteligencia. Aunque no pudiera hablar ni apenas moverse, poco a poco fue percibiendo sensaciones y distinguiendo unas de otras. Fue reconociendo tu voz y entendiendo los mensajes que le decías. Además, empezó a tocar las cosas, a chuparlas para saber de qué estaban hechas, a manejarlas... Todo este conocimiento le permite, en estos primeros años, desarrollar su inteligencia.

A partir de los 2-3 años, tu hijo va a experimentar importantes cambios desde el punto de vista intelectual. Uno de los más importantes es que va a poder prescindir de las cosas y de las personas para referirse a ellas. Un ejemplo lo encontramos en un tipo de juego típico de este momento: el juego simbólico. Tu hijo va a utilizar el palo de una escoba para convertirlo en el caballo más veloz o va a jugar a papás y a mamás, representando los papeles que te ha visto desempeñar a ti.

El no tener que depender de las cosas abre ante él un mundo apasionante lleno de posibilidades. A través del juego, del dibujo y del lenguaje, va a poder comunicar todo aquello que ha ido aprendiendo y que está integrando en su conocimiento.

Pero, ¿cómo piensa tu hijo? Seguramente habrás observado que su forma de ver las cosas no es como la de un adulto. Te sorprenden sus razonamientos, sus expresiones... A veces te hacen gracia; otras, no sabes muy bien qué decir. Las siguientes características te permitirán entender mejor lo que está ocurriendo en su mente.

UN MUNDO MÁGICO

Estamos ante una etapa que dura 3-4 años en la que tu hijo irá experimentando numerosos e importantes cambios. Al principio, sus razonamientos serán vagos e imprecisos, pero a medida que vaya desarrollando el lenguaje y ordenando todo el conocimiento que está adquiriendo, irás notando cómo su pensamiento es más elaborado y más parecido a la forma de pensar del adulto. Pero es, ante todo, un momento mágico. La fantasía está presente en todo lo que hace y es un buen momento para disfrutar de los razonamientos sin sentido de tu hijo.

Todo es nuevo para él, y acompañarle en el proceso de descubrir lo que le rodea es tu principal función. Y, desde luego, es apasionante. Tu hijo creerá, por ejemplo, que las nubes se van porque tiene que llover en otro sitio o te explicará, con una expresión de total sinceridad, que el plato de la cena lo tiró un pájaro que entró volando por la ventana, o estará convencido de que el Micky Mouse que hay a la entrada del centro comercial es el ser vivo que él ha visto en los dibujos. Para los niños de esta edad la diferencia entre realidad y fantasía es prácticamente nula. Poco a poco irán estableciendo que son cosas distintas.

EL EGOCENTRISMO

El pensamiento del niño de esta edad (ya veremos cómo afecta al modo de relacionarse con los demás) es egocéntrico. ¿Esto qué significa? Que tu hijo va a considerar que su punto de vista es el único y va a ser incapaz de ponerse en el punto de vista de los demás. Por eso es tan cabezota. Lo que él piensa es lo que vale y le va a costar mucho cambiar de idea. Aquí habrá que armarse de paciencia, actuar con diplomacia y ser firme.

Además, sus razonamientos no se guiarán por la lógica que tan bien conocemos los adultos. Puede empezar explicándote lo que ha hecho en el colegio y cuando le preguntas, por ejemplo, por qué trae el babi lleno de arena, te dirá que la señorita ha dicho que lo haga para pesar más y así no salir volando en el patio.

EL TIEMPO, ¿QUÉ ES?

Tampoco tendrá muy claras las nociones temporales, y mezclará sin problemas lo que hizo ayer con lo que piensa que va a ocurrir mañana. Se pasará todo un mes diciéndote que al día siguiente irá con los niños de su clase a una granja, aunque tanto la profesora como tú le hayáis explicado que eso no ocurrirá hasta dentro de un mes. Utilizará ingeniosamente esta dificultad para entender el transcurso de los días para preguntarte: «¿A que como mañana es sábado no hay cole?»; y tú le contestarás con toda la paciencia que te caracteriza: «Mañana es martes, y los martes hay cole». Por eso le va a costar aceptar que los abuelos hoy no hayan venido, aunque le hayas explicado mil veces que vendrán el domingo, o que todavía falta una hora para que empiecen los dibujos, porque para él la noción del tiempo está muy lejos de lo que puede entender.

LE GUSTAN LAS COSAS COMO SON

A tu hijo le costará entender que las cosas siguen siendo las mismas aunque hayan cambiado en algo. Así, se puede poner a llorar como un descosido porque su hermano le ha quitado el gorro a su muñeco favorito, aunque le repitas una y otra vez que sigue siendo su mismo muñeco. Poco a poco irá entendiendo que los objetos poseen características que les permiten seguir siendo lo que son, aunque cambien en algo y, además, que es posible ponerle de nuevo el gorro al muñeco, es decir, que se puede dar la vuelta a algunas operaciones para que el objeto vuelva a ser el mismo que antes. Esta capacidad es algo que se establece y consolida a partir de los 6 años.

Cómo contribuir a su desarrollo

- **Habla con él y escúchale.** A través de vuestras conversaciones tu hijo podrá ir conociendo más cosas y aprendiendo a razonar. La comunicación se convierte en algo fundamental para que el pensamiento se vaya desarrollando, aparte de ser una magnífica oportunidad para que puedas establecer con tu hijo una relación afectiva adecuada.
- **Facilítale un mundo rico en estímulos.** A través de programas de televisión (que ves con tu hijo), libros, excursiones a la naturaleza, visitas a diferentes lugares, acudir a re-

La época de los porqués

Contestar a miles de preguntas y darnos cuenta de que nos encontramos en un círculo vicioso sólo se puede vencer con un arma: la paciencia.

Entre los 5 y los 7 años comienzan los «porqués». Para los padres constituye toda una prueba en la que no sólo se demuestran sus conocimientos sino también hasta dónde puede llegar la paciencia. En muchas ocasiones, nos sentimos incapaces de dar una explicación, porque tenemos miedo a que el niño no nos entienda.

Elimina este miedo y explícale las cosas lo mejor que sepas. La regla es sencilla: hay que dar una explicación SIEMPRE y ésta ha de ser concreta, es decir, que pertenezca al mundo del niño. No te pongas a divagar.

Cuando los porqués son incontrolables, podemos cambiar los papeles y pedir al niño que nos explique qué es lo que él piensa.

Si no podemos más, lo mejor es buscar algo que le distraiga.

Por último, le va a costar mucho unir informaciones diferentes que él, desde su punto de vista, considera contradictorias. No puede entender, por ejemplo, que se pueda ser de una ciudad y de un país determinado al mismo tiempo.

presentaciones teatrales o de marionetas..., tu hijo podrá ir ampliando el mundo que conoce y adquirir más vocabulario, más información, más contenido sobre el que pensar y con el que enriquecerse. Se trata de utilizar de una manera adecuada los recursos de los que se dispone para que el niño conozca más cosas y amplíe su perspectiva.

- **Enséñale a diferenciar entre realidad y fantasía,** pero respetando esta última. A tu hijo le cuesta saber lo que es real y lo que no lo es; para él todo es posible. Acepta esta característica y disfrútala, al tiempo que le proporcionas información para que aprenda, por ejemplo, que las brujas y los ogros son personajes de cuento.

- **Ayúdale a entender otros puntos de vista.** Ya sabemos que no resulta fácil para él, pero no puedes dejar que se salga siempre con la suya por ser demasiado cabezota. Poco a poco debe ir entendiendo que existen unos límites y otros puntos de vista diferentes al suyo.

- **Proporciónale juegos y juguetes** con los que pueda desarrollar su creatividad, su memoria, su razonamiento...

- En la medida de sus posibilidades, **permítele que encuentre soluciones a sus *problemas;*** no se lo des todo resuelto. Si él se ha subido a un columpio, anímale a que también baje solo (aunque tú estés cerca para ayudarle); si te dice que le ha salido mal un dibujo, pregúntale cómo puede arreglarlo... Tú estás ahí para echarle una mano y él debe saber que puede contar contigo, pero también que le vas a permitir resolver sus propios problemas porque está capacitado para hacerlo.

• **Razona con él.** Desde luego no hay tiempo para ponerse a razonar en el momento preciso en que tu hijo se suelta de tu mano para cruzar una calle por la que pasan coches. Hay veces en las que lo hay que hacer es actuar. Pero en otras muchas ocasiones se pueden razonar las normas, el porqué de las cosas, etc. Recuerda que tu hijo todavía no tiene capacidad para entender todos los razonamientos; intenta amoldarte a lo que él pueda entender.

No olvides que...

Aunque hemos visto que existen muchas diferencias entre la forma de pensar del niño de estas edades y la del adulto, sería un error considerar que, puesto que es pequeño, es un ser limitado. Sus razonamientos tienen valor y sentido dentro de su lógica. Y, desde luego, están llenos de cualidades que nos permiten disfrutar y descubrir lo maravillosa que es la mente humana.

Capítulo IV

Lo que tu hijo dice

Tu hijo de 3 años tiene un vocabulario de aproximadamente mil palabras. Esto no significa que las pronuncie todas de forma correcta, pero sí que las conoce y las reconoce cuando tú las utilizas. Fíjate: hace 6 meses su vocabulario se reducía justo a la mitad. A partir de este momento continuará aumentando, y cuando cumpla 6 años conocerá unas diez mil palabras. ¡Sorprendente!

En estos años su lenguaje experimentará grandes e importantes cambios, no sólo porque tiene más vocabulario, sino porque va a aprender otras características de la comunicación que también son esenciales —como el poder construir frases de forma adecuada o el poder iniciar y mantener una conversación tal y como hacemos los adultos—.

*Características del lenguaje
de 3 a 6 años*

- La pronunciación mejora enormemente.
- Es frecuente que los niños inventen palabras, bien para poder hablar de lo que desconocen o simplemente como una forma divertida de experimentar con el lenguaje.
- Poco a poco sus oraciones se van haciendo más complejas y se parecen cada vez más a las que construyen los adultos.
- Aparecen las estrategias que les van a permitir mantener una conversación (por ejemplo, respetar el turno de palabra).

Ten en cuenta que aunque el niño no haya pronunciado todavía su primera palabra, es capaz de entender muchas de las cosas que le dices. Y es que comprender es una tarea mucho más sencilla que producir lenguaje.

En un primer momento, el vocabulario utilizado por los niños pequeños se reduce a una única palabra con la que designan todo aquello que desean. Dicen «agua» para expresar que quieren agua, que había agua en la piscina o que está lloviendo. Poco a poco han ido uniendo palabras y han construido frases formadas por dos elementos. «No puré» será una de las que más habrás escuchado.

Alrededor de los 3 años las frases se van a ir haciendo más complejas y van a estar formadas por varias palabras: verbos, artículos, conjunciones..., hasta lograr reunir un vocabulario tan amplio como el del adulto.

¿CÓMO SE DESARROLLA EL LENGUAJE?

En el desarrollo del lenguaje van a ser esenciales los modelos que tenga el niño. Ten en cuenta que el lenguaje no comienza en el momento en que tu hijo pronuncia la primera palabra, sino que es muy anterior. Desde que nació está escuchando la voz humana y adquiriendo las nociones básicas para conocer su idioma materno. Los sonidos, el ritmo, la entonación... son características que se van adquiriendo mucho antes de que surja la primera palabra.

Tu hijo va a aprender a hablar porque observa que las personas que le rodean utilizan un lenguaje, y va a imitarlas. Y seguirá hablando, en la medida en que le hagas caso y le refuerces lo que está diciendo. En estos primeros momentos el niño va a experimentar con el lenguaje; esto quiere decir que lo más probable es que no pronuncie las palabras correctamente y también que se invente otras que no existen; para él es como estar jugando.

Además la manera de hablar con tu hijo es diferente del estilo que utilizas con los adultos. Las frases que le dices son más sencillas y están perfectamente construidas. Esto le va a permitir ir captando, poco a poco, las reglas que rigen el lenguaje, deduciendo cómo tiene que conjugar los verbos y cuáles son las excepciones. ¿Cuántas veces habrás oído decir a tu hijo «cabo» en lugar de «quepo» o «ponido» en lugar de «puesto»? Fíjate en que no se trata realmente de un error. Él ha observado que la mayoría de los verbos adquieren esta forma: «comido», «bebido», «dormido»..., es decir, su participio acaba en -ido, y entonces deduce que tiene que hacer lo mismo con los demás.

Todavía le llevará un tiempo aprender que hay verbos especiales que responden a otras normas. Y tú vas a estar ahí para explicarle esas excepciones. Ya veremos más adelante que no se trata de recalcarle una y otra vez sus errores, sino de repetir las frases correctamente para que él se dé cuenta de que hay palabras que se construyen de manera diferente.

Cómo no hay que hablarle al niño

- De forma telegráfica (por ejemplo, «Niño va cole»), porque no le enseñamos la estructura real del lenguaje.
- Utilizando continuamente diminutivos («perrito», «casita», «camita»...), como si fuera lo único que puede entender.
- Repetir las frases tal y como él las dice, incluidos los «errores» (decirle «pego» en lugar de «perro»), pues nunca aprenderá a hacerlo correctamente.

El desarrollo del lenguaje no se puede entender sin integrarlo dentro del desarrollo completo del niño. Su forma de ver las cosas e incluso su mayor o menor habilidad para el movimiento influyen en su lenguaje, y viceversa.

Recuerda que tu hijo está viviendo una etapa de egocentrismo, y eso también se va a manifestar en aquello que cuenta. Así, por ejemplo, alrededor de los 3 años cobran fuerza las palabras «yo» y «mío». Todo será suyo y para él. Forma parte de su necesidad psicológica de ser el centro de las cosas y de las personas, y por eso van a ser palabras usadas con mucha frecuencia. Desde el punto de vista psicológico, poco a poco irá aprendiendo que existen otras personas y le irá siendo más fácil utilizar otros pronombres como «tú» o «nosotros».

Otro ejemplo curioso que pone de manifiesto el egocentrismo por el que atraviesa tu hijo lo encontramos en las conversaciones que mantiene a través del teléfono. Él todavía no entiende que su interlocutor no está presente, que no está delante de él y, más aún, que no se puede poner en el punto de vista del niño.

Así, si la persona que llama le pregunta «¿Cuántos años tienes», él contestará con el gesto, estirando tres dedos de su mano y encogiendo los otros dos. El niño puede enseñarle además la muñeca con la que está jugando: «Mira, Blancanieves», y su interlocutor no tendrá más remedio que decir, aunque no la esté viendo: «¡Qué bonita!».

¿QUÉ PALABRAS APRENDE ANTES?

Por otro lado, le será más difícil aprender unas palabras que otras. Pronto utilizará el nombre de las cosas que hay a su alrededor y que tienen un referente concreto. Podrá hablar de las personas y de los objetos que conoce: sus padres, sus abuelos, sus juguetes, su habitación, su casa, el colegio... Pero aquello que no se puede ver ni tocar le costará más. Las nociones de tiempo, como «ahora», «después» o «mañana», son conceptos muy complicados y tardarán en incorporarse a su vocabulario. Puedes ayudar a tu hijo, usando estas expresiones para explicarle cómo se suceden los acontecimientos, pero él tardará un tiempo en entender realmente lo que significan y a utilizarlas con fluidez.

¿Para qué le sirve el lenguaje?

A los 4 años nos adentramos en la fase más floreciente del lenguaje. El niño de esta edad es capaz de hablar de todos los temas y de referirse a cualquier cosa. Es el momento en que empieza a preguntar de forma incansable sobre todo aquello que le llama la atención. Y va a utilizar cualquier cosa que tú le digas para contarte toda una historia. Incluso cuando se encuentre solo, hablará; lo hará con los objetos con los que esté jugando. Así, por ejemplo, si mueve el coche, le dirá: «Venga, más deprisa» o si da de comer a la muñeca, la animará a que mastique y se lo coma todo.

Es un buen momento para aprender canciones, escuchar una y otra vez historias (¡cómo le gusta que le leas varias veces el mismo cuento!, ¿verdad?), contestar al teléfono... Los niños son como esponjas, con una capacidad impresionante para aprender las palabras más diversas, y hay que aprovecharla. Un buen desarrollo del lenguaje le permitirá comprender el mundo que le rodea, comunicarse mejor con los demás y adentrarse en un mayor conocimiento de sí mismo. Por otro lado, entender y manejar el lenguaje le será imprescindible en la escuela.

LAS REGLAS DE LA COMUNICACIÓN

Desde muy pronto, los niños aprenden también las reglas que nos permiten mantener una conversación. En la mayoría de las conversaciones que has tenido con él ya se lo has enseñado. Por ejemplo, cuando él te señalaba con el dedo algo que le llamaba la atención, tú le contestabas diciéndole lo que era; después, él intentaba repetir lo que tú habías dicho. Con esta dinámica y a través de muchas situaciones similares, tu hijo ha aprendido que una conversación se rige por turnos y que lo normal es que primero hable uno y después otro, y así sucesivamente. Los niños de 5 y 6 años conocen además otras características. Saben que para hablar tienen que esperar turno (aunque a veces quieran hablar ellos continuamente), miran a los ojos a su interlocutor, mantienen el mismo tema de conversación durante un tiempo y responden de forma adecuada a los comentarios de sus compañeros.

La función autorreguladora del lenguaje

El lenguaje nos ayuda a organizar nuestra conducta. A través de él podemos poner orden en lo que tenemos que hacer. Fíjate en cómo lo haces tú siendo adulto. Es posible que vayas conduciendo y diciéndote a ti mismo lo que tienes que hacer cuando llegues a casa.

En los niños pequeños esta función suele manifestarse externamente, es decir, los niños van diciendo en voz alta lo que están haciendo en cada momento o lo que consideran que tienen que hacer.

Tú enseñas a tu hijo a lavarse los dientes a través del lenguaje, transmitiéndole las conductas específicas: «Abre el grifo, coge el cepillo y mójalo, pon la pasta»... Y es muy frecuente que los niños repitan esas secuencias con lenguaje hablado, hasta que paulatinamente lo van interiorizando, es decir, llega un momento en que no lo expresan en voz alta. Por eso decimos que el lenguaje ayuda a regular nuestro comportamiento.

Por todo ello, el niño de 6 años posee un dominio del lenguaje muy parecido al de un adulto. Es cierto que todavía le quedan montones de cosas por aprender. En muchos casos, ha utilizado el lenguaje pero sin entender todavía muy bien cómo se estructura ni sus funciones. El desarrollo simultáneo de su inteligencia le permitirá utilizarlo de otras formas y enriquecerlo no sólo con más vocabulario, sino también con estructuras gramaticales más complejas.

Mi hijo todavía no habla

Las características que hemos tratado hasta ahora son orientativas y nos hablan de momentos aproximados en los que el niño es capaz de utilizar un vocabulario o expresiones determinadas. Pero ya hemos visto que cada niño lleva su ritmo. Algunos comienzan a hablar muy pronto, incluso antes de lo normal, y cometen muchos errores de pronunciación que les cuesta corregir. Otros tardan bastante en hablar, pero cuando lo hacen, manejan un vocabulario y unas estructuras gramaticales más que adecuadas para su edad.

En principio, hay que aceptar el desarrollo del lenguaje de cada niño, pero es normal que ante determinados comportamientos nos preocupemos. Cualquier duda que tengas sobre si el desarrollo del lenguaje de tu hijo es el apropiado o no, lo mejor que puedes hacer es consultárselo al profesor. Él te podrá aportar sus observaciones y conocimientos.

Hay que tener en cuenta que en el desarrollo del lenguaje intervienen muchos procesos. Por ejemplo, que exista una audición adecuada. Si el niño no oye, le costará más hablar. Por eso, ante problemas del lenguaje, una primera recomendación es consultar al médico para que lleve a cabo una evaluación del niño. Es importante descartar problemas físicos y poner los remedios necesarios en el caso de que exista alguna anomalía o deficiencia.

Por otro lado, las alteraciones emocionales también pueden afectar al proceso de adquisición del lenguaje, como afectan a otros aspectos del desarrollo. Es normal, por ejemplo, que tu hijo de 3 años adopte un lenguaje mucho más infantil cuando nace su hermanito. El niño va a expresar con todo lo que hace cómo se siente. En este caso, como siempre, lo mejor es tener paciencia, acercarse al niño para comprender y respetar su ritmo y sus cambios. Desde ahí le será más fácil sentirse seguro y superar sus dificultades.

Cómo contribuir al desarrollo del lenguaje

- Lo fundamental es hablar al niño y hacerlo desde el momento del nacimiento. Oír es una de las capacidades que antes se desarrolla en el ser humano, incluso cuando todavía está en el vientre de su madre. Y cuando nace, el niño posee un sentido de la audición similar al de un adulto. Tu hijo va a reconocer tu voz y a aprender las características generales del lenguaje. Poco a poco irá adquiriendo un vocabulario en la medida que lo escuche.

- Ya hemos dicho que no es necesario utilizar un lenguaje infantil para comunicarse con el niño, aunque es cierto que vas a utilizar frases más sencillas y completas para que te entienda. El niño no va a entender ambigüedades ni frases incompletas... Por ejemplo, carece de la intuición del adulto para entender que lo que se está diciendo se complementa con los gestos y, desde luego, al niño de 3 años le queda mucho para comprender un chiste o un juego de palabras. Por eso, es conveniente adaptarse al nivel de comprensión del niño, pero facilitándole cada vez nuevas expresiones que enriquezcan su lenguaje.

- Ante los errores en la pronunciación y expresiones incorrectas, es importante que se corrija al niño. Pero hay muchas formas de hacerlo. No tiene sentido regañarle por decirlo mal ni enfadarse con él porque no consigue repetirlo de la forma adecuada. Una buena manera de mostrarle cómo se dicen las cosas es repitiéndoselas tal y como se deben pronunciar. Ante frases como «Teno botas nuevas», le ayudará que le corrijas las expresiones incorrectas, pero también que enriquezcas la oración con otros elementos adicionales: «Sí, tienes un par de botas nuevas. Son muy bonitas».

- En algunos casos se requiere una intervención especializada. Los profesores que están con tu hijo podrán indicarte, por ejemplo, si es necesario que acuda al logopeda*. Confía en ellos y en su orientación.

- También se ha comprobado que se contribuye al aumento del vocabulario cuando además de corregir al niño sus errores se le ofrece una explicación que le permite distinguir entre dos palabras. Por ejemplo, imagínate

---

* El logopeda es un especialista del lenguaje. Este profesional realiza una evaluación de las dificultades que aparecen en la pronunciación y estructura de las frases, intenta descubrir cuáles pueden ser las causas e interviene con el niño para superar las dificultades.

que paseas con tu hijo y veis pasar un camión. Tu hijo te dice: «Coche» porque tiende a utilizar una sola palabra para referirse a todo aquello que se le parece. Lo correcto es decirle algo así como lo siguiente: «No, eso es un camión. Fíjate, es más grande y caben más cosas». Le estás proporcionando una información que contribuye a un mejor conocimiento de lo que le rodea.

• Puesto que algunos conceptos le cuestan más que otros, es bueno que nos refiramos a ellos para que los vaya comprendiendo poco a poco. Así, como le resulta difícil comprender el tiempo, es recomendable que se le ayude a secuenciar lo que ha hecho o lo que va a hacer hablándole de «ayer», «hoy», «mañana», «después»... Introducir determinadas palabras no significa que las vaya a entender o utilizar, pero es importante que no se renuncie al vocabulario; cuanto más rico sea, más favoreceremos el desarrollo del lenguaje.

• Y muy importante: no hables con tu hijo sólo para darle órdenes. Observa cómo limitamos el lenguaje cuando lo único que decimos es: «Lávate la cara», «Venga, desayuna», «Recoge esos juguetes». Es cierto que no nos queda más remedio que decirle estas cosas, porque además son necesarias para que adquiera determinados hábitos; por otro lado, es normal que la vida cotidiana nos dé temas de conversación, pero no dejes que se convierta en lo único que digas a tu hijo. Hablándole de otras muchas cosas, con otras expresiones, vas a conseguir que aprenda un lenguaje rico y variado. Pero además, le estás enseñando el valor de la comunicación y que puede contarte a ti todo lo que se le ocurra. Y eso es fundamental.

Capítulo V

El dibujo

El niño de 3 años necesita representar todo ese mundo que acaba de descubrir y que aparece con toda su grandeza ante sus ojos. Antes incluso de empezar a dibujar, ya disfruta dejando su huella sobre la arena o sobre el plato de puré. Y también le va a gustar hacer garabatos sobre una hoja.

Al principio, pintar es un gesto motor que se va a ir especializando. El niño coge el lápiz con el puño y mueve el brazo de manera incontrolada, haciendo trazos imprecisos sobre el papel, sin importarle si se sale o no. Son movimientos muy impulsivos, apenas puede controlar lo que está dibujando y posiblemente ni siquiera mire la hoja; simplemente mueve el brazo.

Pero poco a poco va a ir controlando el movimiento, hasta que domine el lápiz y consiga representar lo que él ve. Y es que una de las características del dibujo infantil es el realismo. El niño trata de imitar, de copiar todo aquello que ve. Una de las primeras figuras que va a ser capaz de dibujar es el círculo, que irá perfeccionando a medida que domine el control de su muñeca. Después será capaz de dibujar el cuadrado, el triángulo, el rombo...

Laura, 4 años

Javier, 6 años

Alicia, 5 años

A partir del círculo tu hijo va a empezar a representar las primeras figuras humanas: los cabezones. Se trata de muñecos con una gran cabeza de la que salen directamente los brazos y/o las piernas. Con la práctica y el mayor conocimiento que tenga sobre su propio cuerpo, irá añadiendo más detalles a estas figuras: el tronco, las piernas separadas de la cabeza, el cabello, las orejas... El objetivo: conseguir cada vez mayor realismo, es decir, que el muñeco se parezca a aquello que quiere dibujar.

Los dibujos de los niños son muy atractivos en este momento y nos permiten conocer qué pasa por su mente en ese periodo.

¿PARA QUÉ SIRVE EL DIBUJO?

El dibujo cumple otras funciones que son muy importantes en su desarrollo. Por un lado, le proporciona placer. Dibujar se convierte en una de las actividades más atractivas. Puede pasarse horas dibujando, coloreando, y disfruta mucho cuando tú le dibujas lo que él te pide. Por otro lado, el dibujo constituye una de las primeras producciones materiales que realiza tu hijo; para él es importante porque es su manera de dejar huella. Le encantará que cuelgues su dibujo, pues le demuestras que tiene influencia sobre el medio que le rodea, que reconoces y aprecias lo que ha logrado.

Pero, además, dibujar contribuye al desarrollo de su inteligencia, ya que le permite profundizar en el conocimiento de lo que le rodea y de su propio cuerpo. A través del dibujo tu hijo manipula un instrumento esencial: el lápiz. Manejarlo le ayudará a desarrollar su motricidad, es decir, a perfeccionar los movimientos de la mano, lo cual le va a ser de gran utilidad en el aprendizaje posterior de la escritura.

Los dibujos, por ser manifestación directa de los niños, también nos ayudan a entender lo que sienten y piensan, sus miedos y deseos. Con el dibujo, el niño cuenta lo que ha hecho, lo que imagina... Se convierte en un instrumento muy útil para conocer en profundidad a tu hijo. Ahora bien, esto no significa que a través de un dibujo (o de unos cuantos) podamos hacer una interpretación de su personalidad. Es un instrumento más, pero para conocer realmente al niño debemos verle en todas sus manifestaciones: cómo se comporta, lo que dice...

Capítulo VI

La importancia del juego

El juego es algo inseparable de la vida de tu hijo. Desde que era muy pequeño ha estado jugando: con los objetos, con las palabras, con la comida... Ha repetido una y otra vez acciones que aparentemente no servían para nada, pero que le hacían reír y pasárselo bien. ¡Cuántas veces habrás recogido el muñeco que él tiraba al suelo mientras se partía de risa! Este tipo de juego, el de repetir una y otra vez acciones, se va a mantener en esta etapa de 3 a 6 años.

EL JUEGO SIMBÓLICO

Pero va a aparecer otro tipo de juego fundamental en su desarrollo: el juego simbólico. Aunque no conozcas el término, seguro que ya has tenido la oportunidad de observar sus diferentes manifestaciones: jugar a papás y mamás, hacer «comiditas» con la arena del parque o utilizar trozos de papel como si fueran dinero.

Características del juego

- El juego es placentero, divertido.
- El juego no tiene metas o finalidades. Jugamos por el simple placer de jugar, no hay un fin particular para hacerlo.
- El juego es espontáneo, voluntario.
- El juego implica cierta participación activa del jugador.
- El juego guarda relación con otras actividades que no son propiamente juego, como la creatividad, la solución de problemas, el aprendizaje y el lenguaje.

Con el juego simbólico el niño representa escenas de la vida real. Lo hace para divertirse y disfrutar, pero a través de las diferentes representaciones, tu hijo también va a manifestar sus propios deseos, necesidades y miedos. A lo mejor hace de papá que le dice a su hijo (uno de sus muñecos): «No tengas miedo, que la bruja no existe», o le agarra de la mano mientras le comenta: «Si hoy te portas bien, te compraré un chicle». Aquí el niño también se siente libre y modifica la realidad a su antojo; así, le puede decir al muñeco: «No hace falta que te comas el puré», si es a él a quien no le gusta esta comida.

El juego simbólico se puede jugar sin ningún tipo de objeto, pero es frecuente que el niño transforme los que tiene para que se adecuen a lo que necesita. Las sillas del salón pueden colocarse de manera estratégica y así convertirse en el autobús que nos lleva al cole o en el castillo que hay que defender. No son necesarios juguetes que representen la realidad; tu hijo va a utilizar cualquier objeto (aunque no se le parezca mucho) para simbolizar aquello que él necesita.

A través de este tipo de juegos los niños aprenden también los papeles sociales. A partir de los 4 o 5 años juegan con otros niños y cada cual tiene su papel. Repiten los *guiones* que han visto hacer y así, si uno hace de vendedor y el otro de comprador, uno le pide el dinero y el otro le exige las vueltas si al vendedor se le olvida. Forma parte de la realidad, y los niños se corregirán unos a otros para representarla de forma adecuada.

La importancia de este tipo de juegos es enorme. A través de él tu hijo va a ir profundizando en el conocimiento de la realidad, interactuando con otros, además de tener una posibilidad de expresar y resolver sus propios conflictos.

EL JUEGO DESORDENADO

Hacia los 4 o 5 años encontramos otro tipo de juego también muy común, especialmente entre los varones. Se trata del juego desordenado, y al observarlo apreciamos una gran similitud con los juegos entre oseznos o primates que hemos visto en los documentales. Se trata de carreras, persecuciones, saltos, caídas, luchas... Es como si se estuvieran peleando, pero las risas y las caras de felicidad nos demuestran que no se hacen daño y que lo están pasando bien. En algunos casos, al final, tal y como predecimos los padres, se terminan haciendo daño, pero lo cierto es que en la mayoría de los casos no ocurre así. Aunque no lo parezca, esta actividad motora intensa ayuda a los niños a relajarse y también contribuye a que aprendan a manejar sus movimientos y a controlar su fuerza.

Los juguetes

El juguete ha de ser, ante todo, la oportunidad, el material que permita llevar a cabo aquello que queremos realizar mediante el juego. En otras palabras, el juguete nunca es más importante que el juego, sino que es un instrumento de ayuda. Por ejemplo, si tu hijo está construyendo una torre con cubos, lo verdaderamente importante no son los cubos ni la torre, sino la misma construcción.

En cuanto a las características de un juguete, lo que importa es que cumpla tres requisitos fundamentales:

- **Creatividad.** El juguete debe ser abierto, es decir, debe dejar un amplio margen para la imaginación. Por eso, los juguetes más sofisticados son los que menos desarrollan la inventiva del niño, que a veces se convierte en simple espectador de tanta maravilla, cuando lo ideal es que sea el actor protagonista.

• **Valor educativo del juguete.** El objetivo es canalizar la energía que el niño despliega para incrementar y fomentar el desarrollo de sus habilidades y destrezas. El juguete debe contribuir al proceso de crecimiento y maduración de tu hijo en todo aquello que le pueda ser útil.

• **Adaptarse a las necesidades del niño.** Ya hemos visto cómo cambia el niño entre los 3 y los 6 años y las características del juego que realiza en esta etapa. En este sentido, el juguete tiene que responder a las nuevas necesidades del niño, y entre los que mejor pueden hacerlo, encontramos:

—Los juguetes de arrastre, como camiones, trenes de madera, etc., que favorecen que el niño se mueva y se desplace.

—Los juegos de construcción, como rompecabezas (empezar con pocas piezas para luego ir ampliando), bolas para ensartar, cubos, etc., que permiten el desarrollo de movimientos más finos y precisos.

—Disfraces, pinturas, sombreros, máscaras, etc. que permitan al niño disfrutar del juego simbólico interpretando diferentes personajes.

—Instrumentos musicales, como panderetas o tambores, que permiten el desarrollo del ritmo y el gusto musical.

—Materiales diversos, como tijeras, plastilina, cuadernos para pintar, ceras, etc. con los que desarrollar su creatividad.

—Los juguetes deportivos, como pelotas, aros, raquetas, cubos, juego de bolos, cometas, canicas... Juegos tradicionales que le permiten descargar energía, coordinar mejor los movimientos, ir aprendiendo reglas de juego sencillas...

—Juegos de mesa o sociedad, como el parchís, la oca, el dominó, las cartas, etc.

—Los juguetes simbólicos, como muñecos, cocinitas, fuertes, granjas, castillos, etc.

No olvides que...

El juego constituye una parte fundamental del desarrollo de tu hijo. A través de él va a aprender muchas de las cosas que necesita. El juguete contribuye a este proceso y es importante informarse para poder elegirlo de forma adecuada.

Algunas claves que pueden ayudarnos a elegir un juguete

- Elígelo de forma responsable y cuidadosa. En función de lo que tu hijo necesita y atendiendo a los valores que tú deseas transmitirle.
- Intenta no dejarte llevar por el bombardeo publicitario. No siempre lo que anuncian es lo mejor para tu hijo.
- Infórmate sobre los juguetes en función de su utilidad y de su capacidad de estímulo.
- Siempre que puedas, observa cómo son y cómo funcionan los juguetes para asegurarte de su calidad.
- Evita inundarle de juguetes en una determinada época del año.
- Opta por juguetes no bélicos, pero sin prohibirlos directamente.
- Olvídate de la vieja idea de que hay juguetes para niños y juguetes para niñas. Atiende a las necesidades y preferencias de tu hijo.

CAPÍTULO VII

¿Qué es lo que va a aprender?

Ir al colegio es uno de los cambios más importantes que tu hijo va a experimentar en este momento. Hasta ahora, tú y los familiares y amigos cercanos habéis sido los principales puntos de referencia. A partir de este momento, su círculo social se verá notablemente ampliado, y también van a cambiar muchos de sus hábitos. Va a ir a un sitio nuevo donde tiene que estar durante un tiempo determinado con personas que, en principio, son desconocidas para él; realizar actividades que a menudo exigen un esfuerzo importante porque nunca las ha hecho...

FACILITAR LA INTEGRACIÓN ESCOLAR

Para muchos niños no es un momento fácil, incluso aunque se hayan sentido confiados y seguros anteriormente. Por eso es importante que las personas cercanas a él vayamos dotando de significado la nueva experiencia. ¿Y eso qué significa? Pues que es conveniente que le expliquemos al niño el sentido de la escuela y del aprendizaje. Posiblemente tu hijo ya haya oído hablar del colegio porque su hermano mayor va o porque tú le hayas ido hablando del tema. El colegio debe presentarse como un lugar agradable, donde va a estar con otros niños y aprender muchas cosas divertidas.

Es conveniente que el niño sepa dónde se encuentra su colegio y que conozca a su profesor/a. Eso le dará seguridad. A lo mejor le cuesta coger el hábito, pero si los padres mantenemos la calma y tenemos cuidado de no favorecer el miedo o la inseguridad, las dificultades se irán superando.

Desde luego, de nada sirve no valorar el colegio o las actividades que se realizan en él. Es fácil que se nos escapen expresiones como: «Estoy harta de preparar siempre disfraces» u «¿Otra vez se van de excursión?, ¿es que nunca trabajan?». Expresiones como éstas, manifestadas frecuentemente (no pasa nada si de vez en cuando las decimos o las comentamos con adultos), pueden hacer perder al niño la confianza en los objetivos escolares. Y ésa nunca tiene que ser nuestra meta; sería tirar piedras contra nuestro propio tejado.

No olvides que...
Tu hijo valorará el colegio y las actividades que en él realiza si para ti es algo importante.

TRABAJAR CON LOS PROFESORES

A partir del momento en que nuestro hijo ingresa en el colegio, la labor educativa como padres se convierte en algo compartido con los maestros, profesionales que saben de educación. Tiene sentido confiar en ellos y, por supuesto, seguir participando en el proceso educativo, del que continuamos siendo responsables y una parte fundamental.

En este proceso cobra una gran importancia el papel del profesor/a. La confianza que tú como adulto deposites en él/ella es fundamental para que tu hijo se sienta tranquilo a su lado. Para conseguirlo, es recomendable que conozcas a los profesores que le atienden y a los demás profesionales que interactúan con él. No tengas miedo en hablar con ellos siempre que lo consideres adecuado, e intenta participar en las reuniones informativas que organizan y en cualquier actividad que te permita involucrarte en la vida del centro. Si tú te sientes a gusto con la educación que está recibiendo tu hijo, lo más probable es que él también lo esté.

Por otro lado, los niños suelen establecer relaciones afectivas con sus profesores, y eso es muy saludable. ¡Por supuesto que nadie va a ocupar tu lugar como padre o madre! No tengas miedo. El que tu hijo tenga lazos con otras personas significativas es un signo de bienestar. Colabora con el profesor/a para dar a tu hijo todo lo que necesita en su desarrollo.

PAUTAS QUE CONVIENE SEGUIR PARA UNA ADECUADA INTEGRACION ESCOLAR

Hay que evitar...	Hay que procurar...
• La superprotección, que impide que el niño actúe de forma independiente y autónoma.	• Hablar siempre de forma positiva del colegio, de los profesores, de lo bien que lo pasan los niños haciendo cosas juntos.
• Las actitudes de pena y ansiedad ante el temor de que el niño no sea bien atendido y cuidado por la profesora.	• Transmitir al niño seguridad en el momento de ir al colegio. Vivirlo con naturalidad.
• Amenazar al niño con que le dejarán en el colegio y no irán a recogerle.	• Estar convencido de que la asistencia a un centro de educación infantil va a ser fundamental en su desarrollo.
• Montar una *escenita* cuando se deja al niño en el colegio, con una despedida llena de abrazos y besos.	• Escuchar al niño con interés lo que cuenta sobre las vivencias del día en la clase y desdramatizar los pequeños conflictos entre compañeros.
• Considerar que la educación infantil no es algo imprescindible en el desarrollo integral del niño.	• Mantener un contacto permanente con el centro y, sobre todo, con los profesores, con el fin de hacer posible la más completa interacción educativa.

OPTIMISTAS PARA APRENDER

Los niños de entre 3 y 6 años son considerados muy buenos alumnos. Son «aprendices optimistas» porque se sienten capaces de realizar muchas actividades; para ellos no existen dificultades y están convencidos de que podrán conseguir hacer bien muchas cosas.

Esta característica es algo muy importante en el proceso educativo. Una persona que confía en sí misma y en sus capacidades estará más dispuesta a aprender, porque tiene en su mente que llegará a la meta que se ha propuesto.

Tu hijo posee esta capacidad, y hay que aprovecharla para motivarle en las distintas actividades que va a llevar a cabo en el colegio. Por otro lado, cuanto más confíe en sí mismo, más probable es que se esfuerce; y si se esfuerza, también aumenta la probabilidad de que consiga hacer bien las cosas. Son optimistas porque no pueden separar esfuerzo de habilidad: «Si te esfuerzas, lo consigues», parece ser su lema.

Puedes ver representada esta idea en el siguiente gráfico.

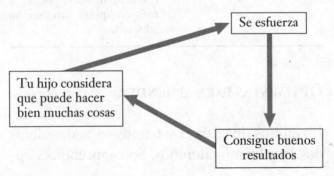

Esto no significa que no se sientan mal cuando algo no sale como ellos esperan, pero sí que se pueden recuperar de cualquier *fracaso* fácil y rápidamente. Si reciben el apoyo que necesitan recobrarán la confianza en sus posibilidades.

Nuevamente, tu papel es esencial en este proceso. Es fundamental que seas paciente y que le transmitas a tu hijo el tesón y la perseverancia que necesita para conseguir que las cosas salgan como ellos desean.

LA IMPORTANCIA DEL COLEGIO

A lo largo de la educación preescolar (de 3 a 6 años), tu hijo va a adquirir mucho más que conocimientos. Por ejemplo, va a iniciarse en las habilidades sociales, gracias a las relaciones que mantiene con sus compañeros. Se abre ante él un mundo lleno de posibilidades: el aula se convierte en un lugar de experimentación, de descubrimiento, de socialización, de crecimiento, de vida...

En la base de todo el aprendizaje va a estar muy presente el juego. La mayor parte de las actividades van a tener ese carácter lúdico que permiten a tu hijo mantener altos niveles de atención y desarrollar al máximo sus cualidades y potencialidades. Se pasa el día jugando, y eso es importante para su desarrollo. Porque a través del juego se le proporcionan situaciones en las que puede expresarse con total confianza, poner en práctica lo que aprende sin miedo al fracaso.

En el siguiente capítulo te ofrecemos un listado con las diez cosas más importantes que van a aprender. El orden en que se presentan no indica en modo alguno la importancia; además, debemos tener en cuenta que todo está íntimamente relacionado.

Estamos seguros de que cada día tu hijo te sorprenderá con algo nuevo —una canción, un poema, un dibujo—, contándote cosas de las que nunca antes habíais hablado... Participar con él en este proceso de descubrimiento es todo un privilegio y te animamos a que lo disfrutes intensamente.

Capítulo VIII

Las 10 cosas que va a aprender

Tu hijo va a aprender muchísimas cosas en el periodo comprendido entre los 3 y los 6 años. La experiencia cotidiana, el día a día, le va a proporcionar una gran y valiosa información.

El colegio le va a ayudar a estructurar y dar forma a todo aquello que está aprendiendo.

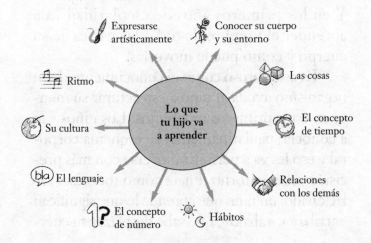

Expresarse artísticamente

Conocer su cuerpo y su entorno

Ritmo

Las cosas

Lo que tu hijo va a aprender

Su cultura

El concepto de tiempo

El lenguaje

Relaciones con los demás

El concepto de número

Hábitos

A continuación te presentamos las diez cosas fundamentales que va a aprender en el colegio (reforzado siempre por lo que vive y experimenta fuera del centro).

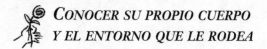

CONOCER SU PROPIO CUERPO Y EL ENTORNO QUE LE RODEA

Desde el momento en que nace, el niño va tomando conciencia de que es un ser diferente al resto. Poco a poco, va a ir organizando la información que recibe sobre sí mismo y se va a fijar en los demás para descubrir la estructura de su propio cuerpo. Tu hijo ya conoce su esquema corporal: sabe que tiene cabeza, cuerpo, brazos, manos, piernas, pies, dedos, pelo... Y en los primeros años de escolaridad va a aprender el nombre de todas las partes de su cuerpo y cómo puede moverlas.

Es asombroso cómo el conocimiento de su organismo ayuda al niño a estructurar su mente en estos primeros momentos. Los niños van a conocer, paulatinamente, su esquema corporal y eso les va a permitir moverse con más precisión en el entorno. Fíjate cómo todo está relacionado: un niño que aprende lo que significan «arriba» y «abajo», que sabe desplazar su cuerpo de izquierda a derecha, se está iniciando en nociones que después van a ser fundamentales en el aprendizaje de la lectura y de la escritura.

Pero no sólo es importante por eso, sino también porque al adquirir control sobre su cuerpo, sobre los movimientos que puede realizar con él, tu hijo depositará una gran confianza en sus posibilidades, cualidad indispensable durante toda su vida. Ten en cuenta que para tu hijo es esencial sentirse a gusto con lo que puede hacer, y eso va a contribuir a que tenga una imagen positiva de sí mismo.

Conquistando la autonomía
La seguridad que va a ir adquiriendo le va a permitir actuar cada vez de una forma más autónoma. Si sabe subirse y bajarse los pantalo-

nes ya no necesitará que el adulto le acompañe al baño; si maneja con habilidad el triciclo o la bicicleta, podrá recorrer el parque sin que le tengas que ir empujando continuamente.

En ocasiones estas demostraciones de autonomía causan desasosiego en algunos padres. Podemos tener la sensación de que ya no nos necesitan tanto como antes. Es cierto, su nivel de dependencia no es el mismo, pero hay motivos para estar contentos. Que nuestro hijo se desenvuelva con independencia (dentro de los límites que le permite su edad) y seguridad es una buena manifestación de que está recibiendo una educación adecuada.

Intentar protegerle de forma excesiva, metiéndole miedo o no dejándole hacer las cosas que ya puede realizar por sí mismo, le convertirán en un niño inseguro y dependiente, y eso no es bueno para su desarrollo.

Durante estos años también se insistirá en las nociones de autocuidado. Tu hijo ha aprendido en casa —y seguirá aprendiendo y consolidando en la escuela— hábitos adecuados de limpieza, higiene y salud. Esto le va a permitir tomar conciencia de que su cuerpo requiere unos cuidados y que él puede proporcionárselos para sentirse bien, y, por ejemplo, sabrá que no tendrá caries si se lava los dientes después de cada comida o que hay que abrigarse para no coger frío.

En este sentido, la escuela se convierte en una buena aliada, reforzando los hábitos que tú le enseñas en casa. Tu hijo sabe que comer fruta es bueno porque tú se lo has dicho y además porque en el cole han tratado un tema sobre los alimentos y la *seño* ha dicho que la fruta tiene vitaminas, una cosa muy importante que ayuda a estar fuerte y a no constiparse.

Conocimiento del entorno

A partir del conocimiento de sí mismo el niño va a empezar a explorar todo cuanto le rodea. Muchos de los contenidos de los que le van a hablar en clase tienen que ver con su entorno: desde el más próximo —como la clase, su casa o el barrio—; hasta otros menos cercanos al ámbito doméstico o escolar.

Paralelamente a este aprendizaje, los profesores fomentarán el interés por el mundo natural. Seguramente que a tu hijo le encantan los animales y se sabrá un montón de nombres. Esta afición se va a ver reforzada en el colegio, donde le enseñarán los sonidos de los animales y otras muchas características.

El propio cuerpo y el medio donde vivimos son importantes, y por eso a tu hijo le van a insistir también en el colegio que tenemos que cuidarlos. El respeto hacia la naturaleza constituye uno de los valores más destacados sobre los que se va a trabajar en estos años, pero también a lo largo de toda la formación. Tu hijo aprende que la naturaleza hay que cuidarla, de la misma manera que tiene que cuidarse a sí mismo.

Su afán por conocer le llevará a explorar y observar todo lo que le rodea con una actitud de curiosidad. Y es fundamental que también aprenda a hacerlo con cuidado. En el colegio le enseñarán una serie de normas viales básicas; o cómo utilizar los aparatos eléctricos; o el riesgo que uno corre si juega con las cerillas. Como ves, muchas de estas cosas tú ya las has venido hablando con él y son importantes porque son cercanas a su experiencia. Lo que aprende en la escuela tiene una utilidad para él en su vida cotidiana. Nuevamente, colaborar con los profesores y sus objetivos educativos se convierte en algo esencial.

Tu hijo adquirirá progresivamente un mayor conocimiento del mundo, y, a medida que evolucione su pensamiento, va a ser capaz de hablar de sitios en los que estuvo en el pasado o imaginar cómo será el país donde viven los personajes del cuento. A través del lenguaje, el dibujo, el juego..., podrá ir expresando todo lo que descubre.

Día a día, el niño va a ser considerado una parte activa de la educación, esto es, no se le ofrecen conocimientos o actividades sin más. Se tienen en cuenta sus necesidades; su interés por observar, descubrir y experimentar; su avance en los ámbitos del lenguaje y del pensamiento... Todo ello le permite participar en las actividades cotidianas que se organizan en el aula y disfrutar de ellas.

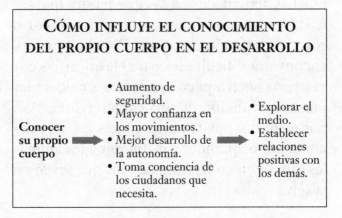

CÓMO INFLUYE EL CONOCIMIENTO DEL PROPIO CUERPO EN EL DESARROLLO

Conocer su propio cuerpo ➡

- Aumento de seguridad.
- Mayor confianza en los movimientos.
- Mejor desarrollo de la autonomía.
- Toma conciencia de los ciudadanos que necesita.

➡

- Explorar el medio.
- Establecer relaciones positivas con los demás.

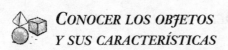

CONOCER LOS OBJETOS Y SUS CARACTERÍSTICAS

Tu hijo va a observar las cosas que le rodean (materiales, juegos y juguetes) y a percibir sus cáracterísticas. A esta edad se fijará en los colores y las formas, para más tarde aprender a diferenciar unas cosas de otras, bien sea por su color, su forma o su función.

Todo este aprendizaje se organiza de una manera lúdica y divertida. Llevará a cabo muchas actividades en las que tendrá que señalar los objetos de un determinado color o con una determinada forma. Por el momento, encontrará dificultades para clasificar las cosas, pero poco a poco aprenderá a colocar las piezas en función de una característica. Así, por ejemplo, puede poner juntas las del mismo color, o aprender a distinguir a los animales que viven en la granja de los que viven en la selva.

 ### APRENDER A ESTRUCTURAR EL TIEMPO

El tiempo es un concepto abstracto, es decir, es algo que no se puede percibir a partir de los sentidos. El niño puede conocer su cuerpo porque lo ve, lo toca, lo mueve... Con el tiempo no ocurre lo mismo.

Por eso las nociones temporales son tan difíciles de entender, no sólo a esta edad. A tu hijo le llevará un tiempo comprender qué es eso de un minuto, o que faltan dos horas para irse a la cama.

Los hábitos que regulan su vida cotidiana (levantarse, desayunar, ir al colegio, etc.) le servirán de pautas para ir estructurando el paso del tiempo. Empieza a entender lo que es un día y a partir de ahí, otras organizaciones más amplias: la semana, las vacaciones...

El hecho de que unos días vaya al colegio y otros no también le ayuda a ir entendiendo el tiempo, así como la llegada de fechas significativas, como su cumpleaños, o la Navidad.

VIVIMOS EN SOCIEDAD

Somos seres sociales. Vivimos rodeados de otras personas y eso nos permite adquirir una serie de habilidades para relacionarnos de forma adecuada y disfrutar con los demás.

Aunque tu hijo no ha estado nunca solo, lo cierto es que en el colegio se le va a abrir un mundo lleno de posibilidades para relacionarse con otras personas, la mayoría de ellas, iguales a él.

A partir de las diferentes actividades que realiza con sus compañeros, tu hijo va a aprender a valorar la importancia del otro, a respetarle, a colaborar con él...

Veamos cómo se concreta este aprendizaje:

- Empieza a reconocer los papeles sociales que cumplen los demás. Va a aprender que cada persona desempeña una función.
- Se amplía la visión de toda la gente que le rodea. Ya no estáis solamente tú y los familiares más cercanos; hay otras personas. Esto le ayudará a ir superando poco a poco el egocentrismo característico de esta etapa.
- Aprende a respetar y valorar las diferencias culturales, sexuales, de raza, etc., como una fuente de enriquecimiento personal y social. En el contacto con los otros nos damos cuenta

de que todos somos diferentes, pero que esas particularidades que nos diferencian son respetables.

• Van apareciendo actitudes de solidaridad y colaboración. Esto es posible por la necesidad de los niños de realizar continuamente actividades con otros.

• Adquiere hábitos de participación y actuación en su entorno cotidiano. En la escuela, tu hijo es una persona activa: puede dar su opinión, participar en las diferentes actividades, desarrollarse plenamente.

• Surge el conocimiento y el respeto hacia las normas sociales de comportamiento y de convivencia. Sólo podemos aprender a convivir cuando estamos con otras personas.

ADQUISICIÓN Y MANTENIMIENTO DE HÁBITOS

Seguro que tu hijo ya domina muchas cosas, pero en la escuela se va a insistir en que mantenga estos hábitos y vaya adquiriendo otros nuevos que favorezcan su autonomía. Hasta ahora tú te has podido ocupar de ponerle el abrigo, pero en clase tiene que compartir la atención del adulto —en este caso el profesor o la profesora— con otros compañeros, lo cual favorece su autonomía.

Nos encontramos, además, en un momento en que tu hijo puede aprender fácilmente hábitos y habilidades para desenvolverse por sí mismo y con los demás.

Va a aprender, sobre todo, aquellas tareas que le permiten aplicar lo que ya conoce, demostrar lo que sabe hacer. Es un momento buenísimo para fomentar la colaboración y permitir que el niño experimente por sí mismo.

Tu hijo va a disfrutar con las rutinas. Le gusta que haya orden y va a esforzarse por hacer las cosas bien, sobre todo, si tú le refuerzas por ello. También le gusta colaborar con el adulto.

1? PRIMERAS NOCIONES DE NÚMERO

El niño de 3 años va a ser capaz de contar; al principio su secuencia será muy corta (uno, dos, tres...) y paulatinamente se irá ampliando. También usará los números de forma aleatoria y los dirá sin tener en cuenta si ése es el orden correcto o no. Frecuentemente se inventará los números aplicando las reglas que él considera adecuadas; así, le escucharemos decir: «dieciquince», «veintidiez»...

Pero a pesar de estos avances, para el niño de 3 años no existe el concepto de número, es decir, va a utilizar la palabra pero sin saber muy bien a qué se refiere. Y emplea la palabra porque su padre le ha dicho que, cuan-

do le pregunten, diga que
tiene 3 años o que vive en
el número 22. Para él son
palabras sin más.

Poco a poco irá en-
tiendo que el número va a
asociado a cantidad. El ini-
cio en contenidos mate-
máticos va a respetar esta evolución del niño.
Aprenderá, mediante canciones y juegos, la secuencia de números, e irá realizando pequeñas operaciones matemáticas, identificando el
número escrito con el número que se dice...

Estamos muy lejos de que pueda entender
la suma o la resta, aunque a lo largo de este periodo irá realizando operaciones sencillas.

 ## DESARROLLO DEL LENGUAJE

El desarrollo que tu hijo ha experimentado en
estos tres últimos años ha sido espectacular.
Recuerda que no sabía hablar, que no decía ni
una sola palabra, y ahora parlotea continuamente.

El desarrollo del lenguaje le va a permitir experimentar con nuevas informaciones, y
en el colegio encontrará un contexto adecua-

do para descubrir todas las posibilidades que le ofrece el lenguaje.

Éstos son algunos ejemplos:

- Va a memorizar y comprender textos de tradición oral. Es un buen momento para aprender canciones, poemas, historias, retahílas...
- Va a aprender a utilizar el lenguaje para comunicar sus ideas y sentimientos.
- Va a ser capaz de adaptar el lenguaje a las diferentes situaciones: cómo dirigirse a la profesora, a sus compañeros, a adultos desconocidos...
- Va a ir avanzando en la construcción de significados, conociendo y utilizando cada vez un vocabulario mayor que le va a permitir construir frases más complejas.
- Va a valorar la escritura como un medio de expresión. El niño de 3 años no sabe leer, pero intuye que tras esos caracteres se esconden significados importantes y útiles: las instrucciones de un juego, el nombre de las calles, su propio nombre... Poco a poco irá reconociendo algunas letras que fomentarán su interés.
- Va a ir regulando su propia conducta. A través del lenguaje, tu hijo es capaz de controlar sus impulsos y también aprenderá a influir en la conducta de los demás.

Cómo contribuir a este aprendizaje

Además de las actividades que se realizan en la escuela, los padres podemos contribuir en el desarrollo del lenguaje de nuestros hijos. A continuación se presentan algunas claves que pueden ayudarte:

- Favorece la comunicación. Aunque tu hijo sea pequeño, es importante que tengas en cuenta sus sentimientos y opiniones. No se trata de que cedas ante todo lo que él quiere, pero sí de que le prestes atención para que se sienta escuchado.

- Valora sus progresos en el lenguaje. Escucha lo que aprende en el colegio y disfruta con él.

• Concede importancia a la lectura y a la escritura. La mejor manera de transmitir este interés es con tu propio ejemplo. Si te ve leer, si tú le haces ver que a través de la lectura se pueden conocer cosas y disfrutar, lo más probable es que tu hijo se interese por ella. Hazle ver que leer es importante para, por ejemplo, saber en qué cine ponen la película que le gusta o que si aprende a escribir puede enviar a sus amigos invitaciones para su cumpleaños. Tu hijo necesita descubrir, a través de cosas cercanas a él, que la escritura y la lectura le son de utilidad.

 ### TOMAR CONTACTO CON SU CULTURA

Como institución social, la escuela es el lugar donde los niños aprenden los valores y normas que están en la base de su cultura. En el colegio se va a prestar atención a las costumbres de la sociedad, y así el niño participará en las diferentes fiestas y celebraciones que tenemos a lo largo del año.

A partir de este conocimiento, tu hijo también descubrirá las costumbres y tradiciones de otras culturas. Es posible que tenga compañeros que proceden de otras regiones y países, favoreciendo así que pueda enriquecerse con sus experiencias.

En este sentido tu aportación es esencial. Si tu hijo tiene compañeros de otras culturas, posiblemente sean amigos y se lleven bien. Normalmente somos los adultos los que transmitimos a los niños el rechazo hacia personas que son diferentes, bien por país de procedencia, bien por su raza, etc. Si eres consciente de tus propios prejuicios podrás irlos superando y así empezar a aceptar la diversidad, es decir, que todos, por motivos distintos, somos diferentes.

RITMO

El ritmo no es solamente una característica de la música. El lenguaje, por ejemplo, tiene su propio ritmo, y conocerlo favorece su desarrollo.

A través del aprendizaje del ritmo tu hijo va a adquirir nociones básicas sobre música, poesía, lenguaje... Y, por supuesto, todo esto va a repercutir en cómo se va organizando su mente e influyendo en otros aprendizajes (las matemáticas, por ejemplo).

Las canciones no sólo le van a permitir conocer la música, sino que le prepararán para el aprendizaje de áreas muy diversas. Hay canciones para hablar de los números, de los animales, de las personas... El niño de 3 a 6 años disfruta cantando y moviéndose al compás de la música.

El ritmo le va a ayudar a coordinar mejor los diferentes movimientos que puede realizar con su cuerpo y, como ya hemos visto, esto es fundamental en el desarrollo de la seguridad y la autonomía.

Expresión artística

La creatividad forma parte del pensamiento. Con ella, tu hijo puede descubrir múltiples opciones para resolver situaciones de la vida cotidiana. Gracias a la creatividad su pensamiento abarca muchas más cosas.

Una de las maneras de expresar esta creatividad es a través de las actividades plásticas: dibujar, colorear, utilizar pintura de dedo, moldear plastilina o arcilla, hacer un *collage*...

Tu hijo va a disfrutar con los diferentes recursos que se le ofrecen, descubriendo mil y una formas de utilizarlos. Para él va a ser muy importante poder reflejar en algo concreto, como un dibujo o una escultura, lo que puede hacer con sus manos, lo que puede plasmar.

También aprenderá que con su cuerpo es capaz de transmitir sentimientos, actitudes, etc. El teatro, la música, la mímica, etc. le ayudarán a descubrir esta faceta y con ella adquirirá mayor control sobre su cuerpo, podrá adoptar diferentes papeles, disfrutará con los disfraces y el maquillaje... Todo esto le permite simbolizar lo que siente y desea.

A MODO DE CONCLUSIÓN

El colegio va a proporcionar a tu hijo una gran variedad de experiencias que le va a permitir desarrollarse en todas las dimensiones de su personalidad. Ahora bien, es importante que en todo lo que aprenda encuentre alguna conexión con su vida cotidiana. Y ahí, tú tienes un papel esencial.

Desde los primeros años de escolarización, debemos hacer ver al niño que lo que aprende en el colegio le sirve en su vida, en su formación como persona. Para conseguirlo es imprescindible que padres y profesores trabajen conjuntamente. Los padres deben conocer qué es lo que su hijo está aprendiendo para reforzarlo después cuando sale de la escuela.

No se trata de darle otra clase en casa, sino de que el niño tenga la posibilidad de hablar de lo que ha aprendido, de ponerlo en práctica cuando esté fuera del colegio. Esto le ayudará a dar sentido a su aprendizaje y le motivará para seguir aprendiendo.

CAPÍTULO IX

Actitudes para educar

Es normal que nos preocupe la educación de nuestros hijos. A ninguno de nosotros se nos ha dado una formación específica para que seamos padres, y tan sólo contamos con nuestro bagaje y experiencia personales para adentrarnos en esta maravillosa labor.

Y es importante partir de esta idea: no nacemos siendo padres. Poco a poco, a partir del conocimiento que vamos adquiriendo y, sobre todo, del contacto directo que mantenemos con nuestro hijo, nos vamos dando cuenta de lo que es necesario y de cómo podemos actuar para proporcionarle todo cuanto necesita.

En este sentido es importante que, como padre o madre, fortalezcas las siguientes actitudes:

• **La confianza.** De nada sirve que te culpes a ti mismo por «lo mal que lo haces» o que te sientas incapaz de controlar el comportamiento de tu hijo. Está bien que reconozcas las dificultades, pero al mismo tiempo es esencial que confíes en tus capacidades. Hay muchas cosas que no sabes, hay muchas situaciones en las que no tienes muy claro lo que debes hacer, pero ahí estás tú: dispuesto a aprender.

- **La paciencia.** Si algo va a ser necesario a lo largo de todo el proceso educativo, pero especialmente en este periodo de 3 a 6 años, es la paciencia. Tu hijo ha dejado de ser un bebé y se mueve de forma autónoma en la mayoría de las situaciones, pero no te engañes, todavía no es un adulto. A veces pensamos que ya lo son y les exigimos más de lo que pueden hacer.

  Todavía les queda mucho por aprender, y necesitan que sigas pendiente de ellos, con paciencia y con mucho tacto. Desde el punto de vista emocional requieren muchísimo cariño y apoyo. Sigue siendo paciente y aportándoles la confianza que necesitan para crecer con seguridad.

- **La apertura.** Es fundamental que mantengas una actitud abierta ante la nueva experiencia educativa que se presenta ante ti. No estás solo en este proceso. Por un lado, tienes a tu hijo. Él te va a dar muchas pistas de las cosas que necesita y que desea. Con él vas a aprender mucho acerca de la educación: basta con estar atento para ir descubriéndolo.

Por otro lado, no dudes en contar con otras personas. Educar a niños pequeños puede ser una tarea realmente estresante que no tienes que asumir tú solo. Cuenta con familiares, amigos... No se trata tan sólo de que se queden con los niños cuando tú estás ocupado, sino de que puedas compartir con ellos cómo te sientes, qué dudas te surgen, etc.

El simple hecho de leer este libro también pone de manifiesto tus ganas de aprender y de saber más acerca de la educación. Así que sigue informándote. Sin agobios. Algunos libros te parecerán más útiles que otros; toma de cada uno lo que más te ayuda.

Y, por último, aunque no menos importante, busca el apoyo y aprovecha el conocimiento que te pueden proporcionar profesores, psicólogos, escuelas de padres y de madres... Están ahí para ayudar, acompañar, animar y resolver dudas.

En los siguientes capítulos te ofrecemos una serie de claves dirigidas a la educación del niño entre 3 y 6 años. Muchas de ellas serán aplicables durante toda su vida. Léelas con atención y reflexiona para descubrir en qué medida te pueden ser útiles en la relación que mantienes con tu hijo.

No olvides que...
No existen recetas mágicas para todos los niños. Lo importante es que seamos capaces de reflexionar sobre la relación que mantenemos con nuestro hijo para ir descubriendo la manera de ayudarle a crecer como él necesita.

Capítulo X

Experimenta con tu hijo

No importa la cantidad de tiempo que puedas estar con tu hijo, pero sí que puedas aprovechar del que dispones para estar con él y acompañarle en todos sus descubrimientos.

La mayoría de los niños acepta que sus padres tengan otras obligaciones y responsabilidades, y son capaces de adaptarse a los otros adultos que les cuidan. Pero no cabe duda de que tu hijo necesita estar contigo y le va a gustar disfrutar del tiempo que pasáis juntos.

Un paseo, jugar, el momento del baño o ver la tele son actividades de la vida cotidiana que se convierten en muy placenteras para el niño si las comparte contigo.

A veces la vida nos lleva demasiado deprisa y se nos olvida que «podemos perder el tiempo», es decir, hacer las cosas por el simple placer de hacerlas.

Poner una lavadora o pintar una barandilla quizás pueda esperar si en estos momentos lo que tiene sentido es estar con tu hijo y hacerlo desde la calma y sin agobios.

Es cierto que las responsabilidades y tareas son muchas, pero a veces les concedemos más importancia de la que realmente tienen. Aprende a simplificarlas para que no te lleven todo el tiempo ni todas tus energías.

Y aprovecha también para hacer esas actividades con tu hijo. Dependiendo de su edad puedes ir familiarizándole con ciertas cosas. Enséñale a meter la ropa en la lavadora o a recoger las hojas que se le caen a la maceta. La vida cotidiana proporciona muchas situaciones en las que tu hijo puede participar. Y además, si estás con él, mucho mejor para ambos.

No olvides que...

A esta edad tu hijo se va a mostrar especialmente colaborador. Aprovecha esta cualidad para hacerle participar en las tareas de la vida diaria y disfrutar juntos de ese tiempo. Está claro que tienes que elegir actividades sencillas y estar cerca para supervisar lo que hace.

CAPÍTULO XI

El refuerzo

El término «refuerzo» equivale a «premio» en su sentido más amplio. Es decir, engloba todas aquellas consecuencias positivas que podemos obtener tras realizar una determinada acción.

Para el niño entre 3 y 6 años el mejor refuerzo es tu atención. Que le mires, le hables, le des un abrazo... son las conductas preferidas de tu hijo a esta edad. Más adelante veremos cómo utilizar el refuerzo, pero es importante que ya dejemos claro el papel relevante que va a desempeñar en el desarrollo de tu hijo.

Si un niño realiza una acción determinada y los adultos le recompensan por ello, esa conducta se volverá a repetir. Y estamos hablando de acciones que pueden ser adecuadas o inadecuadas.

Fíjate en el siguiente ejemplo:

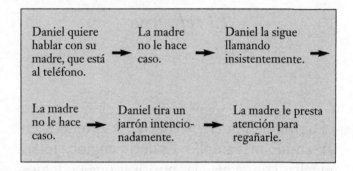

Finalmente, Daniel consiguió lo que quería. Lo más probable es que Daniel, la próxima vez que quiera captar la atención de su madre, haga algo inadecuado, porque sabe que sólo de esa manera lo logrará.

Sin darnos cuenta, solemos reforzar conductas inapropiadas en nuestros hijos. Pero antes hemos pasado por alto otros muchos comportamientos que han sido adecuados. Es importante que nos paremos a reflexionar sobre cuáles son las conductas que estamos reforzando y cuáles no.

¿Qué se podría haber hecho en ese caso? Lo mejor habría sido prestar atención a Daniel cuando nos ha llamado de forma correcta, y poco a poco irle enseñando a esperar cuando estamos ocupados en otras cosas.

¿Sirve de algo retirar el refuerzo?

Retirar la atención o cualquier otra consecuencia positiva permite que una conducta vaya desapareciendo. Es decir, si queremos que nuestro hijo no haga algo que nos parece inapropiado, lo mejor que podemos hacer (siempre que sea posible) es retirar nuestra atención.

Por ejemplo, es frecuente que a estas edades los niños repitan todas las palabras que escuchan, incluidos los tacos. Si queremos que estos desaparezcan, desde luego no tiene sentido que nos riamos o nos escandalicemos delante del niño. Lo mejor es no prestarle atención y lo más probable es que para él deje de tener sentido y no vuelva a utilizar esa palabra.

También podemos retirar premios cuando consideramos que la conducta de nuestro hijo no ha sido la adecuada. A tu hijo de 3 años le costará entender que le dejas sin ver la tele porque no ha terminado de comer, pero poco a poco irá aprendiendo que no puede conseguir ciertas cosas que le gustan si él no pone algo de su parte.

No olvides que...

Tu hijo sigue siendo pequeño y que, a los 3 años, no posee la capacidad suficiente para establecer relaciones entre su acción y las consecuencias. Es algo que irá aprendiendo poco a poco.

Reforzar cuando se acerca a la meta

Tu hijo está aprendiendo a hacer muchas cosas. La mayoría de ellas las lleva a cabo de forma imperfecta, pero no cabe duda de que se esfuerza y pone de su parte para ir aprendiendo.

En su primer intento de atarse los cordones de los zapatos, por ejemplo, la lazada no le quedará bien y es posible que luego debas atárselos tú un poco más fuerte. Pero ya ha dado un primer paso y es importante que le vayas reforzando cada vez que consigue algo, por muy pequeño que sea. Esto le permitirá aumentar su motivación y seguir esforzándose.

Algunas ideas clave sobre el refuerzo

Tu hijo tiene entre 3 y 6 años y está aprendiendo a establecer una relación entre su comportamiento y las consecuencias que le siguen. Ya hemos visto lo importante que va a ser el refuerzo a esta edad; veamos ahora cómo debemos utilizarlo para que sea eficaz:

• Al principio el refuerzo tiene que ser inmediato. Es decir, no podemos esperar demasiado tiempo para felicitar al niño por lo que ha hecho.

• Es importante que le digas a tu hijo por qué le premias o por qué le retiras un premio. Sólo así podrá establecer conexiones lógicas entre su acción y las consecuencias.

• Aprende a elogiar el comportamiento, no a la persona. Es mejor decir «¡Qué bien te has atado los cordones!» a «¡Eres un chico muy bueno!», porque entonces si algún día no se los ata bien, ¿sería un chico muy malo?

Capítulo XII

El castigo

Estamos acostumbrados a castigar. El castigo ha estado presente en nuestra vida desde que éramos pequeños: en casa y en colegio, solía ser frecuente que nos castigaran.

Y somos conscientes de que el castigo ha sido efectivo en nuestra vida, aunque no tanto de las consecuencias negativas que tenía en cómo nos sentíamos.

La mayoría de nosotros dice: «Pues a mí me castigaban muchas veces y no me ha pasado nada; he aprendido a hacer las cosas bien». Y es cierto, pero no sólo porque nos castigaran, y es importante que reflexionemos sobre si ha merecido la pena el impacto psicológico.

A veces nos pedían que hiciéramos cosas bastante ridículas, como poner los brazos en cruz o escribir 200 veces: «No debo hablar en clase». ¿Para qué?, ¿cuál era el objetivo? Realmente cualquiera de nosotros hubiera podido emplear ese tiempo y esa energía en cosas mucho más útiles.

Por otro lado, el castigo tradicional se basa en la creencia errónea de que para aprender a comportarse bien, antes hay que pasarlo mal.

Un niño al que se le castiga con una bofetada o un insulto lo pasa mal. Siente vergüenza, impotencia, rechazo hacia quien le castiga... Tu hijo tiene que aprender a comportarse de forma adecuada, pero no utilices para ello cualquier método. Olvídate ya de los azotes y de las reprimendas cargadas de insultos y descalificaciones. De nada le sirve a tu hijo que le digas que es un inútil y que no sirve para nada.

Hay otras formas de enseñarle a hacer bien las cosas.

No olvides que...

No es necesario que un niño sufra para que se dé cuenta de que su conducta es inapropiada.

CASTIGO = RETIRADA DE REFUERZOS

Una vez que hemos descartado el castigo físico (los azotes) y el castigo psicológico (menospreciar al niño), podemos empezar a entender el castigo de una manera diferente. En el apartado anterior veíamos cómo una conducta inadecuada puede desaparecer si optamos por no prestar atención al niño o eliminar alguna consecuencia agradable para él.

Así, por ejemplo, hemos visto que para que deje de decir tacos, lo mejor es no prestar atención, o si no se ha terminado la comida, le dejaremos un rato sin ver la tele. A este tipo de acciones también las podemos denominar castigo.

Quizás sería bueno empezar por eliminar este término en la relación con nuestros hijos. «Yo te castigo porque quiero» no es realmente lo que ocurre. Tu hijo tiene que aprender que le retiras un refuerzo porque él ha hecho algo inapropiado, no porque a ti se te antoja castigarle.

En este sentido, para que el castigo (entendido como «retirada de refuerzos») sea eficaz en las edades de 3 a 6 años es conveniente:
• Que se aplique de forma inmediata. Si aplazas el castigo para dentro de unas horas o unos días («Te quedas sin ir al cine la semana que viene», por ejemplo), no será útil, porque tu hijo es demasiado pequeño para establecer una conexión entre lo que ha hecho y el castigo cuando transcurre tanto tiempo

entre una cosa y otra. Además, puede ocurrir que antes de que se produzca el castigo, tu hijo se porte bien y entonces o eliminas el castigo (cosa que no es recomendable) o él piensa que le estás castigando por algo bueno que ha hecho (lo que no tiene sentido).

- Que se aplique siempre que se comete la falta. El castigo no puede depender de tu estado de ánimo o de tu enfado. Si unas veces castigas a tu hijo y otras no, cuando ha hecho lo mismo, no aprenderá que es una conducta inadecuada.

- Que sea un castigo corto. «Te quedas sin ir al parque una semana» para tu hijo tan pequeño no tiene sentido (posiblemente tampoco lo tenga para un niño de más edad). Tu hijo no posee capacidad para entender un castigo tan largo, ni va a comprender que lo que ha hecho es peor porque le castigues más tiempo.

- Que le expliques el porqué del castigo. Sin esa explicación no entenderá que el castigo está relacionado con algo que él ha hecho. Intenta que el castigo le ayude a reflexionar e ir entendiendo las cosas.

- Que no le castigues mandándole tareas que son positivas: «Como te has portado mal, recoge tu cuarto». De hacerlo así, tu hijo aprenderá que recoger su habitación es un castigo, algo muy desagradable, de forma que nunca lo hará por placer o porque tenga que hacerlo.

A veces es suficiente con que le adelantes la posibilidad del castigo. Si no quieres que se suba a un árbol en el parque, puedes optar por avisarle para que él se dé cuenta de que no lo está haciendo bien. En este sentido, también es importante no caer en el error de advertirle una y otra vez. Ponte un límite. Más de tres veces no debemos avisar a nuestros hijos para que hagan las cosas, y es importante que ellos lo sepan y que tengan claro que después de esos tres avisos no vienen los gritos ni los enfados, simplemente viene un castigo.

En el caso del parque, bastaría con decirle que tiene que estar sentado en el banco durante unos cinco minutos y que cuando cumpla con el castigo se podrá ir a jugar.

¡Gritos fuera!

Ricardo llega a casa después de trabajar y se encuentra realmente cansado. Lo único que quiere es sentarse en el sofá y ver la tele tranquilamente. Sus dos hijos pequeños están jugando en el salón. Ricardo les pide que bajen la voz; los niños siguen con sus juegos. El padre les habla más alto y les dice que se callen. Los niños no prestan atención. Finalmente, Ricardo les da unos cuantos gritos y los niños callan de inmediato.

Ricardo se ha dado cuenta de que sus gritos son efectivos. Pero, ¿qué pasará la próxima vez?

Posiblemente, el próximo día Ricardo tendrá que gritar más fuerte para conseguir el mismo resultado y llegará un momento en que sus gritos dejarán de ser efectivos. Sus hijos aprenderán que la autoridad de su padre se basa únicamente en gritos, pero que éstos no tienen por qué afectarles.

¿Qué podemos hacer?:

• Fundamental, mantener la calma. Somos los adultos y eso nos capacita para tomar decisiones y lograr el autocontrol.

• Buscar alternativas a la situación. Posiblemente Ricardo podría haber pedido a los niños que se fueran a otra habitación o que jugaran a otra cosa. También podría jugar con ellos, descansar en otra parte o un poco más tarde, etc.

• El castigo, cuando sea justo. En este caso, no tendría sentido que Ricardo castigara a sus hijos por jugar, pero si éstos están haciendo demasiado ruido o se están peleando, Ricardo podría avisar de la posibilidad del castigo si no juegan más tranquilos.

CAPÍTULO XIII

Las normas

Tu hijo poco a poco irá aprendiendo que hay una serie de conductas que son apropiadas y otras que no lo son. Recuerda que aún es pequeño y que las normas que va aprendiendo deben ajustarse a sus necesidades y a lo que puede entender. Pero no por ello debemos dejar que haga lo que quiera, y sí irle haciendo ver que puede comportarse de un modo adecuado.

Las principales normas que tu hijo de 3 a 6 años va a aprender son las relacionadas con los hábitos o rutinas del día a día. Por eso es tan importante que sepa qué tiene que hacer en cada momento y que entienda que existe cierta regularidad. Las horas de levantarse y acostarse suelen ser las más significativas, y si tu hijo aprende que por la mañana tiene que asearse, vestirse y desayunar (o el orden que tú consideres), no le costará ningún esfuerzo hacerlo ni tendrás que pelearte diariamente con él para que lo haga.

El hecho de que su vida diaria esté estructurada también le permitirá seguir otras normas no menos importantes sobre cómo debe comportarse en las diferentes situaciones.

Para que las normas puedan ser realmente útiles es esencial que:

- Sean claras y sencillas. Tu hijo todavía no entiende todo el vocabulario y se pierde cuando le das demasiadas instrucciones. Sé concreto a la hora de pedirle cosas.
- Seas coherente y no utilices las normas de forma arbitraria. Es cierto que hay que ser flexible, pero no puedes estar continuamente cambiando de criterio.

• Intentes que sean normas consensuadas entre todos los adultos responsables de la educación de tu hijo. A veces es difícil, pero entre los padres, los abuelos y otros cuidadores es fundamental que existan unos mismos criterios para no dar a los niños normas contradictorias.

Por otro lado, recuerda que las normas deben ajustarse al nivel de maduración de tu hijo. Cada niño tiene su propio ritmo de desarrollo, y aceptarlo es fundamental para irle exigiendo cosas. No le pidas más de lo que puede hacer, pues correrías el riesgo de favorecer la inseguridad y la frustración ni tampoco le sobreprotejas, pues le estarías impidiendo madurar.

No te olvides del afecto

Todo lo que hagas, digas y compartas con tu hijo debe estar lleno de afecto. Una norma expresada con autoridad puede también ir llena de afecto. La forma en la que le hables y te dirijas a él, siempre con respeto, te permitirá mantener una buena relación con tu hijo al mismo tiempo que le transmites los límites que necesita para crecer de forma adecuada.

Dile que le quieres, abrázale, bésale... Favorece el contacto físico, desde luego sin agobiarle ni ser demasiado absorbente.

LA IMPORTANCIA DE LA COMUNICACIÓN

Habla con tu hijo. No esperes a que sea mayor para hablar. Ahora puede entender muchas de las cosas que le dices y, además, demuestra gran curiosidad.

Contesta a sus preguntas, pero también cuéntale cosas que a ti te interesan y te gustan. Estáis sentando las bases de una comunicación futura. Cuando tu hijo sea adolescente, te gustará que te diga adónde va, qué hace, con quién está... Pero no hay que esperar a que llegue ese momento para establecer una adecuada comunicación. Debemos empezar mucho antes.

ACEPTA EL CONFLICTO

El conflicto y las dificultades del día a día forman parte de la educación. Si todo fuera sencillo no tendría demasiado aliciente. No podemos olvidar que cuando educamos estamos ante un ser humano con sus propios intereses y necesidades. Le estamos ayudando a descubrir qué es lo que quiere ser, sentir y pensar y, desde luego, no puede ser una tarea sencilla.

Por otro lado, debemos aceptar la idea de que el hecho de que surja un conflicto o una dificultad es lo que permite al ser humano encontrar soluciones y madurar. Tu hijo se va a ir enfrentando a diferentes situaciones nuevas y tú le vas a ir acompañando.

Para ti tampoco es fácil, pero te sentirás mucho más tranquilo si estás convencido de que educar tiene sus dificultades y que por ello es tan gratificante: porque la mayoría de las veces conseguimos superarlas.

Y acepta que tu hijo no siempre va a obedecer o no va a hacerlo a la primera. Recuerda que a esta edad intenta afirmar su identidad, separarse de los demás... Y eso le hace rebelarse, ser un pequeño adolescente. No lo vivas como una derrota personal ni te culpes por ello.

¿Qué quiero conseguir?

Que me obedezca
a toda costa

Transmitirle una
serie de valores
que se adapten a lo
que él necesita

Capítulo XIV

Un cuestionario para reflexionar sobre lo que has aprendido

A continuación encontrarás una serie de situaciones con tres alternativas de actuación. A partir de lo que has leído en los anteriores capítulos, elige la respuesta que creas acertada; después, puedes comprobar la opción correcta.

1. Si tu hijo de 3 a 6 años ha aprendido algo nuevo hoy...

a) No le das importancia.

b) Le felicitas en cuanto te enteras.

c) Aunque le ves antes, esperas a la noche para hacerlo.

2. Mientras estás hablando con otras personas, tu hijo trata de atraer tu atención de forma inadecuada...

a) Si es posible, lo mejor es no prestarle atención.

b) Le regañas inmediatamente.

c) Le escuchas pacientemente.

3. Tu hija de 3 años está aprendiendo a vestirse sola. Le animarías:

a) Cada vez que lo intenta.

b) Una vez a la semana.

c) Cuando lo haya hecho correctamente.

4. Estás muy ocupado en casa y tu hijo quiere enseñarte un dibujo muy bonito que ha hecho:

a) Le felicitas y le prestas atención.

b) Le dices que ahora no te moleste, que estás ocupado.

c) Miras el dibujo y dices: «¡Ah, vale!».

5. Tu hijo de 5 años quiere ayudarte a secar los cubiertos. Se le cae uno:

a) Te enfadas y le regañas.

b) Le quitas importancia y le animas a que tenga más cuidado.

c) Le dices que ya no te ayude más, que es un patoso.

Soluciones:

1a. A esta edad no se puede retrasar demasiado el refuerzo.

2b. La mejor opción para conseguir eliminar una conducta es ignorarla.

3a. No es necesario esperar a que consiga la meta, sino que es recomendable reforzar pequeños progresos.

4a. El niño está reclamando tu atención de forma adecuada; préstasela al tiempo que le enseñas poco a poco a respetar tu tiempo y tu actividad.

5b. Un error lo puede cometer cualquiera.

CAPÍTULO XV

Las emociones del niño

Todos experimentamos emociones. Es algo universal, es decir, en todos los lugares del mundo la gente tiene sentimientos. Y sentimos porque hemos aprendido a dar un significado a esos cambios que tenemos en nuestro estado de ánimo cuando nos sucede alguna cosa.

Las personas manifestamos emociones desde que somos muy pequeñas. El bebé llora y sonríe, y rápidamente nosotros, como adultos, interpretamos el mensaje que el niño nos está transmitiendo. Así, decimos: «Hoy se ha levantado enfadado» (si llora continuamente) o «¡Mira qué contento está!» (cuando no para de sonreír). El lenguaje nos permite dar un significado a la forma en que se manifiestan las emociones.

Por eso, hasta los 2 o 3 años, tu hijo no va a ser capaz de hablar de sus sentimientos o de

hacer algo para intentar controlarlos. A partir de esta edad, su lenguaje le va a permitir hacerlo, y también su mente, porque ahora se encuentra más preparado para expresar lo que siente.

Las primeras emociones surgen cuando los niños son muy pequeños. Intenta recordar cuándo esbozó tu hijo su primera sonrisa: ¿a que ya ha pasado mucho tiempo? A partir de ahí, le empezamos a hacer ver lo alegre que estaba y le demostramos que eso también nos hacía felices a nosotros. También ha sabido expresar enfado y tristeza. Estas tres emociones básicas (la alegría, la ira y la tristeza) van a permitir que se desarrollen todas las demás. Y siempre con tu ayuda.

Alrededor de los 3 años, tu hijo va a aprender a manifestar y conocer las emociones de orgullo, envidia y culpabilidad. Fíjate en que se trata de emociones con una gran influencia del contexto social. Es decir, se puede sentir orgulloso porque ha realizado con éxito una tarea y tú, u otras personas importantes para él, se lo habéis dicho. Y puede sentir envidia porque ve cómo otros niños consiguen cosas y él no. Y aprende a sentir culpabilidad, porque cuando le regañamos le hacemos ver que no se ha portado de forma adecuada.

Emoción	Cómo se manifiesta	En qué situaciones
Alegría	Risa, sonrisa, movimiento...	Situaciones placenteras
Tristeza	Llanto	Situaciones no placenteras (p. e. separación de los padres)
Enfado e ira	Ceño fruncido, llanto, agresividad...	Cuando las cosas no salen como él quiere
Culpabilidad y vergüenza	Retraimiento (que deje de hablar o de hacer cosas), llanto...	Ante el castigo, la reprimenda...
Orgullo	Sonrisa, deseos de compartir con otros el éxito	Cuando las cosas le salen bien

¿CÓMO LE ENSEÑAS LAS EMOCIONES?

• **La observación.** Una de las formas en que los niños aprenden es a partir de la observación. Tu hijo está pendiente de todo lo que haces. Seguramente que te has dado cuenta de que repite muchas de las cosas que tú has realizado o dicho, incluso pasados unos cuantos días. Lo mismo va a ocurrir con tus emociones. Seguramente que alguna vez se te ha ocurrido pensar que tu hijo es tímido o alegre como tú. Y es cierto que os parecéis. Pero no porque lo haya heredado a través de los genes, sino porque ha visto cómo tú te comportas.

Esto no significa que si nuestro hijo está triste o no muestra interés por las cosas haya que buscar la responsabilidad en los padres. Pero si tú tienes dificultades a la hora de relacionarte, si te sientes poco seguro y confiado, si la mayoría de los días te sientes triste..., lo más probable es que tu hijo también lo esté. Transmites tu estado de ánimo al niño a través de tu comportamiento.

¿Qué hacer? Pues, sobre todo, tranquilizarse. De nada sirve obsesionarse con la idea de que no estamos educando de forma adecuada. La mayoría de las dificultades tiene solución y aunque a ti te parezca imposible cambiar, hay muchas cosas que puedes hacer para aumentar tu propia autoestima o mejorar tu estado de ánimo.

Está claro que no es fácil, pero siempre se puede contar con un profesional que nos ayude a sentirnos mejor. Y si tú te sientes confiado, seguro, tranquilo, estable desde el punto de vista emocional..., te será más fácil transmitírselo a tu hijo.

• **La imitación.** A tu hijo le gusta imitarte. Si estás en el baño afeitándote, él querrá hacerlo y te pedirá que le eches espuma; si estás en la cocina, te pedirá que le dejes fregar los platos; si te ha visto trabajar delante del ordenador, él se sentará en tu silla y manejará las teclas como si estuviera trabajando... Tu hijo te observa y te imita. Y también imitará tus emociones.

- **La explicación.** Tu hijo aprende a poner nombre a sus emociones porque tú le has hecho reflexionar sobre ellas. En ocasiones, lo que solemos hacer es poner etiquetas: «Anda, no seas tan celoso» o «Deja de llorar, no seas tan blando». A través de lo que decimos, explicamos al niño lo que le pasa. Pero, fíjate, también le estamos dando un valor, en ocasiones positivo y otras muchas, negativo. Ya veremos más adelante cómo debemos actuar para facilitar una expresión adecuada de las emociones.

- **El refuerzo y el castigo.** El refuerzo está dirigido a aumentar una conducta que consideramos adecuada. Así, si tu hijo recoge sus juguetes, sueles *premiarle* de alguna forma (le das un beso, le dices «¡Muy bien!», le regalas un caramelo...). Por el contrario, el castigo está dirigido a disminuir o erradicar una conducta que no nos parece conveniente (por ejemplo, le dejamos sin ir al parque o sin ver la televisión). Estos mismos procesos (de los que hablaremos con más detenimiento) intervienen en el aprendizaje de las emociones.

  Tradicionalmente, por ejemplo, se ha castigado a los niños que lloran, diciéndoles que eso es de cobardes o de bebés, mientras que a las niñas se les ha permitido llorar sin darle mayor importancia. En el primer caso, se ha castigado la emoción de tristeza, mientras que en el segundo se ha reforzado.

Lo mismo hacemos con el resto de las emociones. En ocasiones reforzamos la alegría espontánea de los niños mientras juegan, y otras les castigamos si se ríen de forma escandalosa.

No olvides que...
A través de la observación, la imitación, las explicaciones, el refuerzo y el castigo enseñamos al niño cómo se deben usar las emociones, cuándo son apropiadas y cuándo no...

Capítulo XVI

Una emoción básica: el miedo

El miedo es algo natural en todo ser vivo. Constituye, ante todo, una respuesta adaptativa que tiene nuestro organismo y que se pone en funcionamiento para prepararnos ante una situación de peligro.

Es bastante frecuente que los niños entre 3 y 6 años tengan miedo. A los 3 años predomina el temor a la oscuridad y a algunos animales, aunque anteriormente no se haya manifestado.

La mayoría de las veces estos miedos están alimentados por los adultos, que *contagiamos* nuestros propios temores o recurrimos a seres imaginarios, presentes en cuentos y películas, para entretenerles o asustarles: «Cómete la sopa, que si no va a venir el lobo».

EVOLUCIÓN DE LOS MIEDOS EN LA INFANCIA

Edad	Origen del miedo
0-6 meses	Ruidos fuertes
6-9 meses	Adultos desconocidos, miedo a caerse
2 años	Truenos, monstruos, objetos grandes (coches, trenes, etc.)
3 años	Animales, oscuridad, miedo a estar solos
4 años	Animales grandes, miedo a que los padres se marchen (por la noche o para ir al trabajo), oscuridad
5 años	Oscuridad, miedo a caerse, perros
6 años	Monstruos, fantasmas, brujas, ladrones, miedo a algo o alguien bajo la cama, ir al médico o al dentista

Sonia *(3 años y medio):* Papá, ¿a que la bruja Novata no existe?

Padre: No, claro que no. Es sólo un cuento.

Sonia: Y, ¿a que vive en una casa muy, muy lejos?

El diálogo anterior es sorprendente. Observa cómo Sonia trata de olvidarse de esa bruja que tanto desasosiego le crea, intentando que su padre le afirme en la idea de que no existe. Posiblemente esté repitiendo un argumento que ya le habrán dicho antes: los personajes de los cuentos no existen. Pero a pesar de ello, Sonia es incapaz de entender que si no existe no puede vivir en ninguna parte. Su fantasía es muy poderosa y le va a costar comprender qué significa eso de no existir.

Las pesadillas

Una de las manifestaciones de los miedos que más nos pueden preocupar son las pesadillas. En torno a los 3 años, a veces antes, los niños empiezan a contar a sus padres que han soñado por la noche. A veces se lo inventan y te empiezan a contar unas historias increíbles, mezcla de realidad y de fantasía. Y es frecuente que sobre los 3 años y medio aparezca una

temporada de pesadillas, que suele remitir a los 4 años, para después volver a aparecer algunos meses más tarde.

¿Con qué tienen pesadillas? Pues con cualquier cosa. Muchas veces tu hijo se despertará sobresaltado, llorando, agitado... Normalmente suele ser fácil tranquilizarle, encendiendo la luz, estando a su lado y dándole un poco de agua. Cuando le preguntas con qué ha soñado, lo más probable es que no se acuerde. En ocasiones, puede contarte que ha soñado con un monstruo, y a partir de ahí desarrollar toda una historia que se va inventando sobre la marcha.

No es fácil determinar lo que causa las pesadillas. El niño de esta edad es muy fantasioso y le cuesta distinguir entre lo que es real y lo que no lo es. Y ya sabemos que durante la noche, nuestra mente empieza a establecer conexiones con imágenes, recuerdos, palabras... que hacen que soñemos con cosas disparatadas. Si la mente del niño, como es frecuente a esta edad, está llena de brujas, lobos y demás seres, lo normal es que sueñe con ellos.

Para ayudarle en estos momentos:
• Es conveniente no excitar demasiado su fantasía. A los niños les gustan los cuentos y si aparece una bruja, pues mejor. Pero hay otras posibilidades, sobre todo si le sueles contar

historias antes de dormir. Busca textos que no atemoricen, que den seguridad a tu hijo y que le permitan dormirse tranquilamente.

• Tras una pesadilla, siéntate tranquilo junto a tu hijo, habla con él sobre lo que ha pasado. Explícale que ha tenido una pesadilla, que ha sido sólo un sueño. Transmítele confianza y anímale a que se duerma tranquilo. Dile que tú estás cerca y que vendrás de nuevo si te necesita.

• Como siempre, es importante que tengas paciencia. Tu hijo no tiene las pesadillas para estropearte la noche. Es algo normal a su edad y es conveniente que le atiendas cuando te llama; realmente te necesita.

• Y sobre todo, no le culpes por lo que le sucede. ¡Bastante tiene ya con despertarse angustiado! Sé comprensivo y acepta que se trata de una fase más que se le pasará en la medida en que se sienta seguro y confiado.

¡QUIERO DORMIR EN TU CAMA!

Desde hace tiempo, tu hijo duerme solo en su cama y en su habitación (o la comparte con algún hermano). Con la aparición de las pesadillas y sueños nocturnos, en ocasiones los niños demandan dormir de nuevo con los padres. Otras veces, son los padres los que invitan a sus hijos a pasar la noche con ellos. En principio, esta opción no va a resolver el problema y lo más probable es que lo aumente. Si el niño tiene miedo, se irá a tu cama, pero no se enfrentará por sí mismo a aquello que le causa temor, por lo que el miedo seguirá sin resolverse.

Ahora bien, es comprensible que alguna noche se haya *mudado* contigo, y, desde luego, eso no representa ninguna amenaza. Pero no es recomendable que se convierta en una costumbre. Tiene más sentido que animes al niño para que se sienta seguro, que le hagas ver que tú estás cerca y que puedes ayudarle, pero que él tiene capacidad de sobra para superar ese miedo y seguir durmiendo en su propia cama.

CAPÍTULO XVII

El niño y su relación con los demás

Somos seres sociales. Esto significa que vivimos rodeados de otras personas y que estas relaciones van a ser esenciales en el desarrollo de nuestra personalidad. No podemos olvidar que somos la especie que más tiempo depende de sus progenitores. Y nuestra sociedad nos anima a vivir y convivir con otros: en la escuela, disfrutando del tiempo libre con los amigos, en el trabajo...

Durante toda nuestra vida, pero especialmente durante la infancia y la adolescencia, los demás van a ser muy importantes. Las relaciones que mantengamos con otras personas determinan, en gran medida, que seamos más o menos seguros, tímidos, optimistas, alegres, precavidos...

Las relaciones más importantes que tu hijo, de 3 a 6 años, va a mantener son las que establece contigo, y con los compañeros y profesores de la escuela. Otras personas significativas, como los abuelos y demás familia, también van a tener su peso en el desarrollo de su personalidad. A continuación iremos viendo cómo son y cómo influyen estas relaciones.

LA RELACIÓN QUE MANTIENES CON TU HIJO

Durante los tres primeros años has establecido con tu hijo una relación segura, en la que él ha comprobado que puede contar contigo porque le cuidas, le proteges, le mimas y os divertís juntos.

Y durante esta etapa va a seguir necesitando que le apoyes en todo esto. Tu hijo depende de ti afectivamente y también para que le proporciones lo que necesita en su desarrollo y crecimiento.

Contigo, además, va a aprender muchas cosas relacionadas con su personalidad y con los hábitos que va adquiriendo.

Fortaleciendo su autoestima
Juan (5 años).

Juan está sentado en el suelo montando un puzle. Su madre está sentada en un sillón cerca de él; está leyendo una revista. Mantienen el siguiente diálogo:

Juan: Mamá, no encuentro la ficha que va aquí.

Mamá: A ver, mira bien.

Juan: ¡Es que no la encuentro! *(Un poco enfadado)*.

Mamá: Si te pones nervioso, te costará más encontrarla... Mira, la que te falta debería tener un poco de azul y un poco de verde. Fíjate bien.

Juan *(Observa durante un rato)*: ¡Aquí está!

Mamá: Muy bien. Lo has conseguido.

Diálogos como éste los mantenemos con mucha frecuencia con los niños. Fíjate cómo una situación tan simple como la referida contribuye a la formación de la personalidad del niño:

- La madre interpreta de forma adecuada la emoción que experimenta el niño. No le regaña porque se haya enfadado. Trata con naturalidad lo que siente y le explica las consecuencias de esta emoción.

- Le da alguna pista, pero no resuelve la tarea por el niño. Él está pidiendo una ayuda porque la actividad es algo difícil para él, pero la madre no se levanta a darle la

ficha. Le dice lo que puede hacer para encontrarla.
• Cuando la encuentra, la madre le felicita por haberlo logrado.

Lo que ha sucedido, como otras muchas cosas de la vida cotidiana, ayudan al niño a descubrir sus emociones y a darles un sentido. Algunas veces estas emociones le van a ayudar, pero otras veces sólo serán un obstáculo para conseguir lo que quiere. Y esto es lo que hay que hacerle ver.

Pero en este ejemplo no sólo se ha favorecido el desarrollo de las emociones. La madre de Juan también está poniendo unas bases importantes para afianzar y estimular la autoestima de su hijo.

Tu hijo de 3 años va a describirse atendiendo sobre todo a sus características físicas («Soy un niño alto») y algunas relacionadas con su comportamiento («Soy bueno»). En este sentido, la opinión de sus padres se convierte en un punto importante de referencia.

Si un niño escucha continuamente frases como las siguientes: «Eres un trasto», «No se puede hacer nada contigo», «Todo lo estropeas», «Eres un desastre», «¡Pero qué malo eres!»..., terminará asumiendo que él es así. La imagen que tendrá de sí mismo será la de un niño malo, inútil, que no sirve para nada...

Cuando uno está convencido de que es malo e inútil, no es capaz de enfrentarse a las dificultades, pues sabe que, haga lo que haga, las cosas le saldrán mal. ¿Para qué esforzarse?

¡Mira qué bien lo hago!

Tu hijo va a mostrar diferentes emociones cuando se enfrente a una actividad que requiere un esfuerzo. A los 3 años, por ejemplo, es muy probable que los niños sonrían cuando consiguen resolver con éxito una tarea que le proponen los adultos, y que miren a otro sitio o frunzan el ceño cuando no logran resolverla.

Observa cómo se comporta tu hijo cuando le ocurre algo parecido. Posiblemente sonría, al tiempo que te busca con su mirada o te llama: «¡Eh, mira!». Necesita compartir contigo el éxito que ha logrado. No olvides que eres tú quien da significado a ese éxito, que en estos momentos lo que importa es que tú también disfrutes con él de algo que ha conseguido.

Ese *premio* que le das cuando le dices «¡muy bien!» o le abrazas fuertemente, contribuye a favorecer su autoestima: la confianza en sí mismo y en sus capacidades. Pero además, la experiencia del éxito le demuestra que, si se esfuerza, se concentra y no pierde la paciencia, puede seguir obteniendo más éxito en otras tareas. Y tener experiencia de éxito le motivará para aprender nuevas cosas.

LA RELACIÓN CON OTROS NIÑOS

Es posible que tu hijo de 3 años empiece a hablar de sus amigos. Rápidamente se aprenderá el nombre de sus compañeros de clase (¡incluso el apellido!) y te contará con quién juega, a quién desea invitar a su cumpleaños y con quién no se lleva bien.

Sin embargo, la amistad a esta edad es algo bastante superficial y tu hijo puede cambiar de amigos casi a diario. Para él, su amigo es el niño con quien ha jugado en el recreo o en el parque.

Suele jugar en grupos pequeños, donde participan dos o tres niños más. El egocentrismo característico de esta edad también va a estar presente cuando juegue con otros, sobre todo si también tienen 3 años. Cada uno mostrará interés por lo suyo y difícilmente utilizarán los juguetes; más bien se pelearán por ellos. Juegan juntos porque se sientan cerca, pero no porque compartan la actividad.

A partir de los 4 años las cosas empiezan a cambiar. Los niños van aprendiendo que la amistad consiste en algo más que en estar sentado junto a otro niño para jugar. Si le preguntas, tu hijo responderá que un amigo es alguien «a quien le gustas», con quien pasas mucho tiempo jugando y con quien compartes los juguetes.

Una cosa fascinante de este periodo (que se va a mantener durante algún tiempo) es la facilidad que tienen los niños para hacerse amigos de otros. Para la mayoría, basta con decir «¡Hola!» para empezar a jugar. Así se hacen los amigos.

Es cierto que muchos niños pueden tener dificultades para hacer esto, pero la mayoría conoce que es un paso previo y eficaz para conseguir amigos.

Resolviendo conflictos

Con la misma facilidad con que surgen las amistades pueden romperse. Basta con que un niño abandone el juego, pegue a otro o se pelee por los juguetes para que la amistad desaparezca. Pero como para ellos la amistad no existe como un valor estable, tampoco les importa demasiado que Miguel se haya ido a casa o que a ese niño tan pegón su madre ya no le deje jugar.

Ahora bien, a los 3 años tu hijo ya está capacitado para poner algo de su parte e intentar resolver los pequeños conflictos que van surgiendo en su relación con los demás. Una de las cosas que más le va a molestar es que le quiten los juguetes (¿y a quién no?). Ante este comportamiento, tu hijo no va a quedarse quieto. Va a utilizar estrategias muy impulsivas —como pegar al otro niño, arrebatarle el juguete o pedirle (a gritos, si es necesario)— para que se lo devuelva.

Esta *agresividad* es bastante normal y frecuente y, desde luego, no hay que alarmarse si se encuentra dentro de estos límites. Poco a poco, con la ayuda de los adultos, los niños aprenderán a resolver sus conflictos de otro modo, y deberemos enseñarle a que se enfrente a ellos (no a que los abandone) con confianza y seguridad.

¿Con quién le gusta jugar?

Normalmente, los niños de entre 3 y 6 años prefieren jugar con otros de su mismo sexo. A no ser que estén en un ambiente familiar, pues entonces juegan sin problemas con sus hermanos, primos, etc., aunque sean del sexo opuesto. Esta elección no es fortuita.

Los adultos solemos presionar bastante a los niños (en la mayoría de los casos y no siempre de forma consciente) para que jueguen a cosas típicas de su sexo, favoreciendo, por ejemplo, que se relacionen con niños o niñas según jueguen a los coches o a las muñecas. Por otro lado, los niños tienden a afirmar su identidad («Soy un niño» o «Soy una niña») rechazando a los del sexo contrario.

No es raro encontrar cómo en el recreo, los niños y las niñas juegan separados y a juegos diferentes. Ellos mismos animan a los niños de su mismo sexo para que jueguen a los juegos de niños o de niñas, según les *corresponda*.

Estos pequeños conflictos van a ser una parte fundamental de su aprendizaje social. Es decir, tu hijo aprende a relacionarse porque está con otros niños y porque entre ellos surgen problemas que tienen que resolver. Recuerda que a esta edad, a tu hijo le cuesta muchísimo ponerse en el lugar del otro; pues bien, estas riñas y desacuerdos que pueden surgir cuando está en contacto con otros niños contribuirán a que poco a poco se vaya dando cuenta de que existen otros puntos de vista aparte del suyo.

Tu hijo aprende, por ejemplo, que no todas las palas ni todos los rastrillos que hay en el parque son suyos, que las cosas pertenecen a otros niños y que es normal que se enfaden si se los coge.

Relacionarse con otros niños le permitirá ir conociendo las reglas que rigen las relaciones con los demás.

LA RELACIÓN CON LOS ABUELOS

En la actualidad son muchos los abuelos y las abuelas que desempeñan el papel de educadores *complementarios*. Especialmente los fines de semana y durante las vacaciones, pero también mientras los padres trabajan entre semana, muchos abuelos asumen la responsabilidad de educar a sus nietos.

La relación que los niños establecen con sus abuelos es importante porque:
• Los abuelos suelen disponer de más tiempo y de menos agobios que los padres, por lo que se relacionan con los nietos desde una actitud más tranquila y serena. Esto les gusta

a los niños, que ven en sus abuelos compañeros de juego con los que disfrutar.

• Los abuelos transmiten al niño toda la experiencia vivida. El niño aprende a encontrarse a sí mismo en un lugar en el tiempo.

• El niño aprende a situarse dentro de lo que constituyen sus raíces, lo que le proporciona seguridad.

No siempre es posible que surja esta relación y no hay que preocuparse por ello. Pero si cuentas con la ayuda de los abuelos en la educación de tus hijos, es importante que establezcáis una serie de acuerdos para no ofrecer al niño órdenes contradictorias, al menos, en los hábitos básicos.

Si unos padres dejan a los abuelos al cuidado de sus hijos deben confiar en ellos y no estar continuamente criticando la forma de ser o de actuar. Unos y otros deben poner de su parte para comprender y ceder en algunas cosas.

Por otra parte, es esencial que los abuelos no sobreprotejan ni mimen excesivamente al niño. Deben dejar que su nieto haga por sí solo aquello que puede hacer. Tampoco hay que ponerse en contra de los padres; es importante que siempre haya respeto y no se intente jugar con el cariño de los niños.

CAPÍTULO XVIII

La empatía

Las primeras emociones que aparecen son la alegría, la tristeza y la ira. A partir de éstas se van a ir formando todas las demás.

La manifestación de las emociones está muy relacionada con la capacidad para reconocer los sentimientos de los demás. A esto último es a lo que llamamos «empatía». Somos empáticos en la medida en que podemos ponernos en el lugar de los otros para así entenderles mejor.

La empatía es algo que surge muy tempranamente en el ser humano. Seguro que tienes en mente la imagen de cómo se contagia el llanto entre los niños pequeños: basta con que uno empiece a llorar para que se desencadene toda una secuencia de llantos.

Posiblemente también habrás observado conductas de empatía en tu hijo pequeño. Si alguna vez has llorado o has fingido hacerlo delante de él, es probable que éste se te haya acercado para darte un beso o te haya ofrecido uno de sus juguetes para que se te pase.

Este mismo comportamiento lo va a adoptar cuando se relaciona con otros niños. Y a medida que tu hijo desarrolla su lenguaje, más fácil le será utilizar las palabras de consuelo. «Venga, no llores, que no ha sido nada», le dirán cuando un niño se cae mientras están jugando, «Díselo a tu mamá para que te cure».

Nuevamente hay que tener en cuenta que el niño de esta edad debe hacer compatibles estos sentimientos de cercanía al otro con su forma de ver las cosas, que es esencialmente egocéntrica. En la medida en que vaya superando ese egocentrismo, propio del momento en que se encuentra, le será más fácil ponerse en el lugar de las otras personas.

Nuestro papel aquí como educadores es fundamental. Los padres enseñan y fomentan la empatía a partir de su propio comportamiento, de lo que hacen y dicen cuando se ponen en el lugar de las otras personas.

No hay que confundir ser empático con ser un blando. Comprender las circunstancias del otro no significa que lloremos con él cuando lo pase mal. Es algo mucho más complejo. La empatía supone tener capacidad para entender otros puntos de vista, algo esencial para poder convivir en tolerancia y respeto.

¿CÓMO PODEMOS FAVORECER LA EMPATÍA A ESTAS EDADES?

- Enseña a tu hijo a ser amable. La amabilidad es uno de los aspectos más importantes relacionados con la empatía. Ser amable implica tener en cuenta que lo que nosotros necesitamos es tan importante como lo que necesitan los demás. Y esto es algo fundamental si quieres que tu hijo aprenda a tener en consideración a las otras personas.
- Explícale a tu hijo los motivos que llevan a una persona a actuar de un modo determinado. Eso le ayudará a entender que cada uno tiene unas circunstancias y que es importante tenerlas en cuenta para comprenderle.
- Cuida tu lenguaje. No juzgues sin más a las personas con las que os relacionáis. Tu hijo aprenderá a hacerlo.

Capítulo XIX

Inicios del autocontrol

El niño debe aprender a controlar sus emociones. Las manifestaciones de ira o de agresividad, que son frecuentes y normales a estas edades, no se pueden mantener en todo momento ni en cualquier situación.

En este sentido, los padres pueden enseñar las *normas* por las que se rigen las emociones, de manera que el niño pueda aprender cómo, cuándo y de qué manera puede expresar lo que siente.

Enseñamos a nuestros hijos que no se pueden poner a llorar como descosidos cuando salimos a la calle o estamos en una tienda, y que si quieren algo, deben pedirlo y aprender a esperar, porque no todo se les puede dar cuando se pide.

De hecho, el niño poco a poco aprende a utilizar diferentes estrategias que le permiten

controlar sus emociones. Sabe, porque el adulto se lo ha dicho o demostrado, que no todo está permitido, e intenta ir poniendo de su parte para controlar lo que siente y aprender a manifestarlo de forma adecuada.

Al mismo tiempo, también va a utilizar sus propios recursos para no experimentar emociones o en un intento de controlarlas. Si aparece la «bruja mala» en una película y eso le da mucho miedo, se tapará los ojos para no verla y/o los oídos para no escucharla. Y si ya ha visto la película varias veces, te pedirá que pases rápido esa secuencia.

Otros ejemplos. Si te está esperando en casa de alguien y se empieza a impacientar, posiblemente le comente a quien le está cuidando: «Mamá ha dicho que volverá pronto, ¿verdad?,

¿a que ya va a venir?». Hablar consigo mismo o buscar el apoyo de los otros le ayudará a reducir la ansiedad que puede estar experimentando.

Con la aparición y desarrollo del lenguaje, tu hijo, a partir de los 3 años, va a ser capaz de hablar de sus sentimientos. «¡Has tardado mucho en venir a buscarme!» es una forma de decirte que ya estaba nervioso o que te echaba de menos.

Y si le echan de un juego, para evitar la frustración y la sensación de sentirse aislado y rechazado, dirá en un tono bastante orgulloso: «Da igual, yo ya no quería jugar».

A medida que se van haciendo mayores, van aprendiendo formas más complejas de controlar lo que sienten.

EXPLICANDO LAS EMOCIONES DE LOS DEMÁS

En torno a los 4 o 5 años, los niños son capaces de explicar las respuestas emocionales de los demás. Por ejemplo, si tu hijo está jugando con otros amigos y uno de ellos se va enfadado, será capaz de explicarte que se ha enfadado porque no le han dejado ser el conductor de su autobús imaginario.

Y también saben cuáles pueden ser las consecuencias de determinadas emociones. Ante el caso anterior, posiblemente tu hijo haga un comentario como el siguiente: «Como está enfadado, verás cómo ahora viene y nos pega».

Además, las emociones de los demás es algo que atrae mucho su atención. Si va por la calle y ve a alguien llorar, te preguntará qué le pasa. Si encuentra un grupo de chicos jugando y riendo, posiblemente se quede mirando para ver qué hacen.

Conocer cómo funcionan las propias emociones y las del prójimo se convierte en algo esencial para favorecer las relaciones con otros niños. Si tu hijo aprende a valorar la amistad entonces:

- No le costará entender que debe poner de su parte para llevarse bien con otros niños.
- Le será más fácil resolver los conflictos o disculparse cuando no ha actuado de forma adecuada.

EL PAPEL DE LOS PADRES EN EL AUTOCONTROL

Tu papel como padre es muy importante en este proceso. Fíjate en que eres el encargado de poner nombre a lo que le pasa, explicarle por qué le sucede, enseñarle formas alternativas de sentir y de expresarse...

En la vida cotidiana, además, le estás enseñando a enfrentarse a situaciones ante las cuales puede experimentar diversas emociones. Si va al médico, le cuentas para qué va, qué le van a hacer, por qué es importante... Con estas explicaciones le estás poniendo en situación y adelantándole las emociones, con lo cual puede empezar a poner en marcha estrategias para controlarlas.

Es cierto que a algunos niños demasiadas explicaciones pueden agobiarles más. Si ése es el caso de tu hijo, explícale lo necesario para que sienta que puede confiar en ti, que tú nunca vas a engañarle.

Cuentos para superar situaciones difíciles

Ya has visto lo que le gustan a tu hijo los cuentos. Para él no resulta difícil identificarse con los diferentes personajes que aparecen y, en este sentido, podemos utilizar los cuentos para ayudarle a superar sus pequeñas dificultades.

Podemos inventarnos una historia (también existen cuentos en el mercado con este objetivo) en la que el protagonista esté atravesando por una situación conflictiva similar a la de tu hijo (por ejemplo, tener miedo a la oscuridad). Este personaje irá ingeniándoselas con el fin de superar su problema. Puedes pedir la colaboración de tu hijo para encontrar juntos qué cosas podría hacer el protagonista.

Pero, al mismo tiempo, enséñale a no obsesionarse demasiado, y así, por ejemplo, en el trayecto desde casa al médico, anímale a que exprese sus miedos, pero intenta también que te hable de otras cosas que le permitan estar distraído y aprender así a controlar sus emociones.

Ante todo, paciencia

Algo curioso es que hasta los 3 años tu hijo no puede manifestar una emoción que no siente. Pero a partir de esta edad, sí podrá hacerlo. Por un lado, forma parte del juego. Está experimentando con las emociones: se enfada con facilidad cuando realmente lo está pasando bien o cambia rápidamente de unas emociones a otras. Forma parte de su aprendizaje.

Por eso tampoco podemos evitar que un niño, a esta edad, exprese su enfado o agresividad de forma impulsiva y un tanto descontrolada. Es que realmente, a los 3 años, no es capaz de controlarlo. Necesita un tiempo para aprender, un tiempo en el que tú le puedes enseñar. Y no se trata de que reprima sus emociones, de que deje de llorar automáticamente cuando se lo pides, porque no le será posible.

Fíjate en que, muchas veces, con nuestro comportamiento, alimentamos aquellas emociones que queremos que desaparezcan. Le decimos a gritos, por ejemplo: «¡Deja de llorar, que al final te doy!». Desde luego, expresiones como éstas dichas de este modo no tranquilizan a nadie, y menos a un niño que está aprendiendo a controlar lo que siente. Es cierto que los niños pueden poner nervioso a cualquiera y que hay momentos en que decimos cosas que si estuviéramos tranquilos no diríamos. Pero convéncete de que para enseñar a que los niños controlen sus emociones el adulto también debe hacer un esfuerzo para controlar las suyas.

Pautas para controlar las rabietas

- Convéncete de que es normal que tu hijo diga «no» y lo haga gritando y llorando. Forma parte de su desarrollo y le va a ayudar a fortalecer su identidad y a hacerse más independiente.
- Facilita el que tu hijo pueda elegir, pero enséñale que también él debe aprender a ceder y hacer cosas que no le gustan.
- Utiliza la distracción. En los momentos de rabieta, intenta distraer a tu hijo y si no es posible, evita prestarle demasiada atención o ceder ante su *chantaje*.
- Pon límites realistas. Estarás enfadado, y es normal, pero intenta mantener la calma. No le digas lo que no sientes, ni le pongas un castigo que no pueda cumplir.
- Lo importante en este momento es que tu hijo se tranquilice; si puedes, ayúdale. Si no, sé paciente y espera a que se le vaya pasando.
- Olvídate de los azotes y de los gritos (sobre todo si lo haces porque tú no puedes controlarte), ya que sólo servirán para ponerle más nervioso.

¿Qué hacer con las rabietas?

Aprender a controlar esas rabietas tan típicas de esta edad es algo muy complejo. Lo que le estamos pidiendo al niño es que aprenda a aceptar las situaciones tal y como son y que no se enfade cuando las cosas no son como él quiere.

Recuerda que tu hijo, a esta edad, en cierto modo se cree el centro del mundo. Observa la realidad desde su punto de vista, desde una perspectiva que cree única. Y si es así, ¿por qué no va a conseguir todo lo que pide?

Todavía va a necesitar un tiempo para saber cómo afrontar las diferentes situaciones y a no enfadarse cuando algo no sale como él desea.

Lo quiero ahora

«Lo quiero ahora» se puede convertir en una frase bastante usual a estas edades. Y la verdad es que la mayoría de los padres intenta arreglar esta situación, explicándole con paciencia a su hijo que ahora no se puede, que más tarde, que mañana... Pero aprender a esperar no es algo fácil y los padres deben armarse de paciencia, porque, aunque nos parezca increíble, si somos constantes la mayoría de los niños aprende a esperar.

En cuanto a la espera, te ofrecemos las siguientes pistas para que reflexiones sobre ellas:

- Si el niño es muy pequeño no podemos hacerle esperar demasiado tiempo. Cuando el niño nos pide algo y le decimos que se lo daremos dentro de un poco, ese poco realmente debe ser un breve espacio de tiempo. A medida que vaya creciendo y adquiera la noción de tiempo, podrá aceptar el retraso de sus gratificaciones. Ten en cuenta que sólo los adultos aceptamos cobrar a fin de mes y aún así nos cuesta.

- El niño debe confiar en lo que espera. Hemos de cumplir lo que prometemos, de esta manera el niño sabrá a qué atenerse y confiará en nuestra palabra. Si le prometemos algo y el niño se esfuerza para conseguirlo, pero finalmente no recibe nada (un abrazo, unas palabras de reconocimiento, algo material, un regalo...), no podrá establecer la conexión entre su esfuerzo y la recompensa. Pensará que es algo azaroso que él no puede controlar.

- Facilitar al niño el tiempo de espera haciéndole pensar o distrayéndole de cualquier otro modo. Cuando el niño espera con ilusión algo, realmente se impacienta y se pone nervioso. En esos momentos es esencial recurrir a alguna actividad o juego que mantenga su mente distraída.

CAPÍTULO XX

El proceso de conocer el mundo

La información que recibe de los adultos es esencial para que el niño adquiera un conocimiento del mundo que le rodea. Todas las explicaciones serán bienvenidas, sobre todo si responden a las dudas que tiene el niño y lo hacemos en un lenguaje asequible y comprensible para él.

Por eso el niño pregunta continuamente.

Pero no basta con la información para que comprenda lo que es el mundo. Los niños son seres activos que van construyendo la realidad integrando la información que reciben con sus propias reflexiones y conclusiones.

La imagen que ellos tienen del entorno —más o menos cercano— no es la que le proporcionan los adultos sin más. Habrá aspectos que le interesen y los recuerde más tiempo, y luego, cuando nos parece que no viene al caso, nos vuelve a preguntar sobre un tema o establece conexiones entre informaciones que, aparentemente, no tienen nada que ver entre sí.

Tu hijo va a ir así componiendo su propio concepto de las cosas que le rodean, elaborando una opinión sobre sí mismo, sobre los demás y sobre lo que le sucede.

Un mundo realista

De los 3 a los 6 años la forma en la que el niño concibe el mundo y lo que le rodea va cambiando. A medida que crece, su lógica se parecerá más a la del adulto. En cualquier caso, podemos hablar de tres características que definen su percepción de la realidad:

- **Realismo.** Para tu hijo todo es real. Por eso le cuesta diferenciar entre lo que sueña y lo que le ha pasado, entre la película que ha visto en el cine y lo que puede ocurrir en realidad. En su mente todo es posible. Y por eso, también tendrá miedo y hablará de los personajes de los cuentos como si fueran seres reales con vida propia.
- **Todo tiene vida.** ¿Por qué en las películas las tazas, los coches, los caballos... se comportan como seres humanos? Las tazas tie-

nen ojos y se mueven, los coches pueden hablar, y los caballos, además, van al colegio. La respuesta es clara: los niños de esta edad creen que cualquier cosa (ser vivo o inerte) posee una existencia similar a la humana.

Sandra está paseando con los abuelos por el parque. El abuelo aparta una piedra del camino.

Sandra: Abuelo, no muevas la piedra.

Abuelo: ¿Por qué?

Sandra: Porque le haces daño y cuando venga su madre no podrá encontrarla.

Todo tiene vida, todo puede sentir, todo está sujeto a los hábitos que el niño conoce. Sandra cree que la piedra es como ella y le han enseñado que los niños deben esperar a que vengan a buscarlos.

Poco a poco va a ir diferenciando entre objetos que se mueven y los que no, entre seres con vida y sin vida, entre seres humanos y animales...

• **Todo ha sido creado por el ser humano.** Desde su punto de vista egocéntrico, considera que las cosas han sido creadas por los hombres y las mujeres. El mar, los lagos, la playa... están ahí porque los han hecho. Y por eso considera sencillo que puedan hacer una playa al lado de su colegio o que es muy difícil entender que no se haga nada para que nieve en Navidad.

UNA VISIÓN PARCIAL DE LA REALIDAD

Los niños van seleccionando aquella información que consideran más relevante o útil. Ten en cuenta que son muchos los estímulos que están recibiendo en este momento: para tu hijo todo es nuevo y, aunque realmente es como una esponja que absorbe cualquier cosa, lo cierto es que no lo puede manejar todo.

Por eso, su visión de la realidad es parcial. Le faltan datos y capacidad de comprensión, porque intelectualmente no está preparado todavía y también porque hay muchas dimensiones de la realidad que no están presentes y que el niño debe ir imaginado.

A un niño que se le explica que su mamá va a tener un bebé y que éste está dentro de la tripa, le resultará muy difícil entender el proceso, por mucho que le contemos cosas acerca del embarazo y del tiempo que tiene que pasar hasta que su hermano nazca. En este sentido, es realmente asombroso y divertido todo el razonamiento que tienen sobre este tema: «¿Por qué no dejas que mi hermanito salga un rato para jugar y luego se vuelva a la tripa?», puede ser una de las expresiones de este momento.

Y también es cierto que para los adultos resulta extremadamente difícil explicar muchas de las cosas que suceden en el mundo. No sólo porque sintamos cierto reparo, sino porque no disponemos de toda la información o simplemente porque el tema sea realmente complicado.

AMPLIANDO EL CONOCIMIENTO DEL MUNDO

En el momento en que nacemos no conocemos nada acerca del mundo. No sabemos quiénes somos, quiénes son esas personas que nos rodean y a las que apenas percibimos, qué significado tiene lo que nos dicen... A medida que crecemos y tenemos más capacidad y posibilidad de conocer el mundo, más amplio se muestra éste y son más los motivos que nos animan a indagar y a disfrutar.

Por otro lado, vivimos en una sociedad compleja llena de recursos y de opciones. Ni siquiera una persona adulta es capaz de abarcar toda la información que recibe y, posiblemente, no pase ni un solo día en el que no descubra algo nuevo.

Imagínate que tú fueras un hombre o una mujer del siglo XIX y que te transportasen de pronto al momento actual. ¿No te sorprendería todo lo que te rodea? Los coches, los televisores, el ordenador, la gente hablando con teléfonos móviles por la calle, los aviones rozando los tejados de las casas... Un mundo repleto de sensaciones, de estímulos, de recursos, de información...

Tu hijo está en ese momento crucial de conocimiento del mundo. Para él todo es nuevo y desconocido, y necesitará un tiempo, de tu ayuda y su propio esfuerzo intelectual para comprender toda la complejidad. Con el desarrollo de su lenguaje, no sólo es capaz de hablar y de comunicarse, sino que puede empezar a elaborar un pensamiento que cada vez es más rico y más útil.

Su mente le permite integrar la información, atender a aquello que considera más relevante, memorizar aquellos datos más significativos...

LA CURIOSIDAD

Además, demuestra un gran interés por todo lo que le rodea. La curiosidad es algo característico de esta etapa. Intenta ponerte en su lugar. Tu hijo ya puede moverse solo, le dejas que explore su entorno, puede preguntar y entender las explicaciones que le das, se relaciona con otros niños y adultos con los que comparte diversas actividades...

Las preguntas que te formulan no son fortuitas ni arbitrarias. Es verdad que el niño de esta edad parece preguntar sobre lo primero que se le ocurre, incluso sobre cosas que no vienen al caso. Pero es que está construyendo su modelo de realidad y para eso necesita obtener información y resolver dudas.

Su mente funciona continuamente, porque sin cesar ve, escucha, toca, experimenta... Es tan rico y variado su nivel de activación, que posiblemente no pueda parar ni un momento.

Capítulo XXI

Lo que tu hijo entiende del mundo

Para adentrarnos en la forma en que tu hijo de 3 a 6 años entiende el mundo que le rodea, vamos a distinguir entre el mundo físico (¿por qué se mueven las nubes?, por ejemplo) y el mundo social (entender las relaciones que se establecen entre las personas).

EL MUNDO FÍSICO

Fíjate en el siguiente diálogo:

David está paseando con su padre en un día de niebla. La experiencia de no ver nada le deja sorprendido.

David: ¿Qué es esto?
Padre: Hay niebla.
David: ¿Y qué es la niebla?

Padre: Son nubes que se han acercado al suelo.

David: ¿Es el cielo?

Padre: Algo parecido.

David: Entonces, si el cielo ha bajado, ¡a lo mejor vemos un astronauta!

En esta situación padre e hijo hablaban de la niebla. ¿Por qué entonces David la relaciona con los astronautas? Quizás ha visto en la tele una nave espacial aterrizando sobre la Luna o le hemos contado un cuento con esta aventura. Para David, los astronautas están en el cielo, muy lejos, arriba del todo. Lo razonable es, entonces, que si el cielo baja todo baje con él.

Seguramente que tu hijo te habrá sorprendido con relaciones como ésta en multitud de ocasiones. Nos demuestra cómo su mente está trabajando continuamente, relacionando unos contenidos con otros y siguiendo su propia lógica para lograr entender por qué suceden las cosas.

En muchos casos, las expresiones de nuestro hijo parecen totalmente absurdas y sin sentido. Pero es que su lógica no es todavía la de una persona adulta.

Nos puede preguntar cosas cuando visitamos un lugar nuevo en el que nunca habíamos

estado o cuando ve un motorista en la calle y le sorprende el atuendo, el casco, las botas... Pero también nos puede preguntar cosas que no tienen ninguna relación con lo que esta-
mos haciendo en ese momento. Su mente es así, imprevisible. Y esto es algo completa-
mente normal.

Recuerda, además, que su pensamiento es egocéntrico, es decir, que le cuesta ponerse en un punto de vista que no sea el suyo. Por eso se enfadará si le propones argumentos que no entran dentro de sus esquemas.

Por otro lado, tardará en entender que muchas cosas existían antes que él. En este momento, la vida en general comienza cuando él ha nacido. Le va a costar entender que tú también hayas sido pequeño. Son cuestiones que quedan totalmente fuera de su alcance.

Marcos habla con su madre sobre Pablo, su hermano mayor.

Marcos: Mamá, ¿a que Pablo no ha estado en tu tripa?

Para Marcos es inconcebible una vida anterior a él, y mucho menos que su hermano haya podido nacer de la misma forma.

El mundo físico de tu hijo es un mundo creado por el ser humano. Todo lo que existe —las montañas, los valles, los ríos, los mares...— está ahí porque un hombre o una mujer lo ha hecho.

Y además, va a pensar que todos los sucesos climatológicos están relacionados con la voluntad humana. Por ejemplo, creerá que el viento se mueve porque nosotros queremos que se mueva. Un día de playa, tu hijo le dirá al viento: «Márchate de aquí y déjanos tranquilos».

En este sentido, son muchas las canciones y poemas que el niño aprende en su afán de controlar los cambios físicos (por ejemplo: «Sol, solito, caliéntame un poquito...»).

Pero no podemos olvidar que tu hijo también cree que lo inerte tiene vida propia. Y así, también puede pensar que el viento sopla porque así lo desea. Es una manifestación más de su desbordante imaginación y también de las dificultades que todavía tiene para comprender por qué suceden las cosas.

EL MUNDO SOCIAL

La comprensión del mundo social es algo de vital importancia en la vida de un ser humano.

Como adultos, sabemos muchísimas cosas que tienen que ver con las relaciones que se establecen a nivel social: quién soy yo y cómo me relaciono con los otros, cómo me tengo que relacionar con un grupo más grande (por ejemplo, en el trabajo) y cómo funcionan los sistemas sociales más amplios (los países, la política, la economía...).

Fíjate en que el mundo social es realmente diverso y, por tanto, al niño le llevará su tiempo (muchos años) entenderlo.

Ya hemos visto cómo el niño entiende las relaciones con sus padres, compañeros y otras personas significativas. Ahora nos centraremos en cómo adquiere sus primeras nociones sobre el dinero y los países.

Entendiendo la economía

En nuestra cultura, los niños entran rápidamente en contacto con el dinero. Tu hijo te acompaña a hacer la compra y ve cómo tú das dinero a cambio de aquello que pides.

¿Qué pensarías tú si fuera la primera vez que tienes una experiencia similar? Posiblemente pensaras que las cosas de la tienda están ahí para utilizarlas cuando las necesitas, o te preguntaras sobre qué es eso tan mágico que entrega tu madre para que le den lo que pide.

Algo similar va a ocurrir en la mente del niño. Veamos cuáles son las ideas principales en torno al dinero y a las relaciones comerciales que se van configurando.

Ideas sobre el dinero

Beatriz tiene 4 años. Su abuelo le dio el otro día una moneda. Ella dice que es una moneda «gorda» porque es más grande que otras que había tenido antes. Esa mañana le dice a su madre que quiere comprar unas golosinas con el dinero que le dio el abuelo. La madre le acompaña a la tienda. Cuando Beatriz coge algo, su madre le dice: «No tienes suficiente, eso es demasiado caro». Beatriz sigue metiendo chucherías en una bolsa. Su madre insiste en que no puede pagarlo. Después le dice cosas que sí puede comprar. Beatriz elige y da al tendero su moneda. Éste le devuelve dos monedas. Beatriz desea comprar más cosas con ese dinero; su madre le advierte que no es bastante. Finalmente, salen de la tienda.

Seguramente habrás protagonizado con tu hijo alguna escena similar a la referida. La forma de actuar de Beatriz está relacionada con lo que es capaz de entender acerca del dinero:

• De 3 a 6 años le va a costar entender qué es eso del dinero, pero se da cuenta de que es necesario e imprescindible cuando quiere conseguir algo en una tienda. Lo ve como algo fundamental, y va aprendiendo que no puede llevarse las cosas sin antes haberlas pagado.

- Pagar, para él, va a ser un ritual. El niño pequeño entrega la moneda al tendero no porque entienda realmente por qué tiene que hacerlo, sino porque aprende que es la forma de conseguir lo que desea.

- Le va a costar mucho entender, además, que es posible que él entregue una moneda y, el tendero, además de darle lo que él quiere, le devuelva un cambio. Muchos niños piensan que así han conseguido más dinero, pues antes entregaron una moneda y después del cambio, tienen tres o cuatro. Desconocen el valor de las monedas o billetes, y lo irán aprendiendo en la medida en que el adulto le enseñe a darle significado.

- El dinero no tiene valor. Lo que a tu hijo le apetece es esa muñeca o ese rastrillo que ve tan nuevo y reluciente. Y no entiende cómo algo tan precioso se lo pueden dar a cambio de unos trozos de papel o de metal. Es posible que el niño, en su deseo de conseguir ciertas cosas, llegue a *construir* su propio dinero.

- Tampoco entiende de dónde sale el dinero. Piensa que cualquiera lo puede fabricar, y si tú le dices que algo es muy caro, que no puedes pagarlo, te dirá: «Pues haz más dinero», o «Pues vete a la tienda y que te den más dinero» (como le ocurre a él cuando después de pagar le devuelven el cambio).

Le cuesta entender todo esto porque son demasiadas las cosas que tiene que aprender. Recuerda además que para *descifrar* el mundo se sirve sólo de una parte de la información, y eso determina que deje de lado otra que también es relevante. Tampoco tiene muy claro el concepto de número, algo muy relacionado con el dinero.

Todo este conocimiento lo adquiere porque le proporcionas la posibilidad de experimentar en diferentes situaciones: te acompaña a hacer la compra, le permites que sea él quien pague... También escucha todo aquello que tú —y otros adultos— le decís o habláis entre vosotros acerca del dinero.

Las cosas son caras o baratas, las podéis pagar, las pagáis con la tarjeta de crédito o a plazos, todavía no habéis cobrado la paga, este mes os habéis gastado mucho dinero... son algunos de los contenidos que va escuchando y que le permiten entender no sólo el valor del dinero, sino también de dónde sale, cómo se intercambia, etc.

Ir de tiendas

El tendero debe de ser alguien mágico para el niño de 3 años. ¡Es alguien que tiene todo lo que él y su familia necesitan! ¿Y qué decir de los hipermercados, en concreto de la sección de juguetes? A los niños les faltan ojos y manos para abarcar todas esas cosas maravillosas que se presentan ante ellos.

¿Por qué no las puede tener? Porque cuestan dinero. Ya hemos visto que para él este concepto todavía no tiene sentido. Tu hijo creerá que la tienda es un lugar donde siempre hay lo que uno quiere, que las cosas no se gastan. Poco a poco, observando lo que ocurre, se dará cuenta, por ejemplo, de que hay camiones que traen la mercancía de otros sitios y que la descargan en la tienda, o de que vais al supermercado y en ocasiones no encuentras algo que necesitas.

Podrá ir percibiendo que las cosas de la tienda proceden de otros sitios y que el tendero también tiene que pagar para conseguirlas.

Poco a poco, la observación y la información que recibe le permitirán entender el complejo mundo de la economía, pero no será hasta dentro de algunos años cuando comience a ver las cosas con más claridad. Por ahora, tiene suficiente para entender las relaciones sencillas entre el dinero y lo que se puede conseguir con él.

Cómo ayudar en este proceso

Vivimos en una sociedad de consumo. Eso forma parte de lo que somos y desde que nos levantamos hasta que nos acostamos son muchos los mensajes que recibimos para que compremos cosas, para que tengamos nuevas necesidades y para que estemos a la última.

Estos mensajes también los va a recibir tu hijo.

Muchos padres se mueven en la contradicción de dar a sus hijos todo aquello que necesitan e intentar transmitirles el valor de las cosas. Y es verdad que es una tarea bastante difícil, pero no imposible.

Podemos aprender a manejarnos en una sociedad de consumo favoreciendo la aparición de otros valores que son tanto o más importantes que el hecho de que tu hijo posea todos los juguetes del mercado o pueda pasar unas vacaciones en un parque temático.

Las siguientes claves te ayudarán a ir descubriendo cómo manejar todas estas circunstancias:

- El dinero no lo es todo. En general, reconocemos que es importante, pero desde luego hay otras muchas cosas. Si tú lo tienes claro, tu hijo lo entenderá.
- Dar cosas al niño no le demuestra más cariño. Muchos padres intentan compensar alguna carencia (por ejemplo, que por obligaciones laborales pasan poco tiempo en casa) comprando a sus hijos todo aquello que cae en sus manos. Quizás tenga más sentido aprovechar el tiempo que pasas con ellos para hacer algo juntos, que intentar sustituirlo por un juguete.
- No hay que premiar todo lo que el niño hace bien, y menos con algo material. Carece

de sentido comprar algo a los niños siempre que se sale de casa, o por haberse portado bien en clase, o por no haber llorado en el médico, o por haber obedecido en el parque.

¿Qué hacer con los niños pequeños?

- Los niños pequeños pueden manejar cantidades pequeñas de dinero. Forma parte de su aprendizaje y es bueno que lo conozcan y que lo usen.
- Valora si es necesario que tengan una paga. Los niños pequeños pueden prescindir de ella, y quizá no tenga sentido que se convierta en una obligación. Ahora bien, depende de otras cosas. Por ejemplo, en caso de que tenga hermanos mayores que sí reciben una asignación semanal, sería conveniente darle una cantidad simbólica o simplemente decirle que la recibirá cuando crezca. Recuerda que tú eres el adulto y vas poniendo las normas en función de lo que consideres conveniente. Si lo explicas bien, lo entenderá.
- Da al dinero su justo valor. No exageres el valor del dinero para no favorecer en tu hijo actitudes negativas, como el deseo de conseguir más.
- Controla el dinero que dan a tu hijo. Él no conoce su valor. Explícale que con ese dinero vais a comprar algo que necesita.

Es cierto que hay que reforzar al niño, pero compensar materialmente todo aquello que hace lo único que conseguirá es que tu hijo se convierta en una persona caprichosa y exigente, que cada vez te demande más cosas o te chantajee con ellas para portarse como debe. Los niños tienen que aprender que han actuado bien o mal independientemente de que se les premie o castigue por ello.

El concepto de justicia

Un niño ha comprado doce huevos, y cuando vuelve a su casa se tropieza y se le rompen diez. Otro niño también ha comprado doce huevos, y cuando vuelve a casa coge cinco y los tira contra una pared porque quiere divertirse. ¿Quién se ha portado peor?

Ante la anterior historia, el niño de entre 3 y 6 años pensará que el que peor se ha portado ha sido el que ha roto más huevos, aunque no haya sido de forma intencionada. A estas edades cuesta mucho diferenciar el porqué se han hecho las cosas, y las situaciones son valoradas como buenas o malas en función de las consecuencias.

Poco a poco irá aprendiendo a dotar de intenciones, y a entender que no es lo mismo hacer las cosas adrede que sin querer.

El concepto de justicia lo van asociando a estas intenciones y van descubriendo lo que es justo y lo que no lo es.

Así, a los 4 años tu hijo sabe que es importante compartir, aunque todavía no sabe explicar muy bien el porqué. Muchas veces te explicará que es bueno compartir porque así consigue algo para él: «Si le dejo mi balón a Juan, me dejará jugar con él».

A partir de los 5 o 6 años aparece el concepto de igualdad. Los niños van a ser capaces de estar atentos para que cada persona dispone de la misma cantidad de recursos. Les inquieta la pobreza, el que unos tengan más que otros, y no entienden muy bien por qué sucede esto cuando lo más fácil sería compartir.

Y yo, ¿de dónde soy?

Desde que tu hijo ha nacido se le están dando nociones sobre su lugar de origen. «Tú naciste en este hospital», «Eres sevillano», «Vivimos en España», «Tu compañero del colegio es de otro país»... son algunas de las informaciones que está recibiendo.

Pero para un niño de 3 años no es fácil entender que se puede ser de muchos sitios a la vez, porque no entiende que unos se encuentren incluidos dentro de otros.

Raúl tiene 3 años y ha ido a la boda de su prima. Le encantan las bodas, y como es muy alegre y extrovertido no tiene problemas para hablar con unos y con otros. Está con unos primos mayores que él y se le acerca una mujer; les pregunta quiénes son, cómo se lo están pasando... Le pregunta a Raúl:

Mujer: Y tú, pequeñín, ¿de dónde eres?

Raúl: Del 5°B.

Para Raúl la referencia más cercana de su lugar de procedencia es el piso en el que vive. Poco a poco, irá comprendiendo que vive en un barrio, que éste forma parte de una ciudad y ésta de un país, y así sucesivamente.

También les va a costar mucho entender que se puede llegar al mismo lugar por sitios diferentes.

Belén tiene 3 años y medio y está en casa de sus abuelos. Ha salido al parque con su abuela. Cuando llega el momento de volver a casa, la abuela toma un camino diferente. Belén se pone a llorar.

Abuela: ¿Qué te pasa, Belén?

Belén: Por aquí no se va a casa. *(Sigue llorando)*.

Abuela: Sí, cariño, no llores, es que vamos por otro sitio porque quiero comprar el pan.

Belén: No, por aquí no se va. ¿No ves que las baldosas son diferentes?

Realmente, en este caso, las baldosas eran las mismas. Pero a Belén hay cosas que no le encajan. No tiene capacidad para explicar que es otra calle y por eso se fija en este detalle irrelevante para el adulto. Los niños van creando sus propios esquemas para conocer los lugares y a veces les cuesta adoptar otros puntos de vista.

Seguramente tendrás experiencia de las dificultades que tiene tu hijo con los lugares y dónde se encuentra. Además de la eterna pregunta de «¿Cuándo llegamos?» mientras hacemos un largo viaje, hay otras muchas que nos demuestran que les cuesta entender las distancias, que no podemos estar en dos ciudades al mismo tiempo, que en algunos sitios hay playa y en otros no...

En el conocimiento de todas estas nociones geográficas, podemos ayudarles:

- Favorece que conozcan sitios diferentes. No se trata de planear grandes viajes; los alrededores ya ofrecen suficientes opciones para enseñar a tu hijo que existen otros lugares, que lleva un tiempo llegar a ellos, etc.
- Facilita las relaciones con otras personas de otras regiones y otros países. A todos nos enriquece conocer otras culturas y tradiciones.

Tu hijo irá adquiriendo diferentes nociones sobre cómo se organiza el mundo porque las asocia a lugares y personas concretos. Además, relacionarse con personas con características físicas, de lenguaje o de vida diferentes le permitirá entender y asimilar valores tan importantes como el respeto y la tolerancia.

• Utiliza juegos y cuentos en los que tu hijo pueda apreciar que existen diferentes lugares, países, etc.

No olvides que...

Los niños adquieren las nociones geográficas desde lo más local a lo más general. Es decir, aprenderán primero aspectos relacionados con su entorno más inmediato (su casa, su barrio..) y cercano (la casa de los familiares y amigos con los que os relacionáis), para después ir entendiendo lugares más amplios (la ciudad, el país, el mundo).

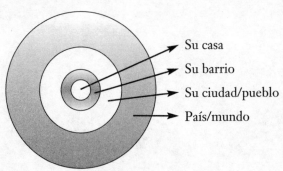

Su casa

Su barrio

Su ciudad/pueblo

País/mundo

Capítulo XXII

Construyendo la realidad

El mundo del niño se va organizando a partir del conocimiento que tiene a su alcance.

Uno de los factores que le permite dar forma y sentido al mundo que le rodea viene establecido por las rutinas de su vida cotidiana. Levantarse, desayunar, ir al colegio, comer, dormir la siesta, jugar, bañarse, cenar, irse a la cama... son hábitos que le dejan ir tomando conciencia de que en el mundo existe un orden.

Ya vimos que los niños aprenden, por ejemplo, que los días y las noches se suceden formando semanas y meses a partir de estas rutinas.

De forma paralela, van aprendiendo reglas de acción o normas que le indican cómo debe comportarse en las distintas situaciones. Aprende que en determinados sitios no puede hablar muy alto, que si se quiere llevar bien con los demás niños tiene que compartir, que si hace frío hay que abrigarse...

Este conocimiento del mundo social, de cómo son las relaciones con los otros y de cómo él puede relacionarse con los demás, le permite tomar conciencia de los valores sociales y morales.

Los valores indican que hay cosas deseables, conductas que son apreciadas socialmente, comportamientos que nos ayudan a ser más nosotros mismos.

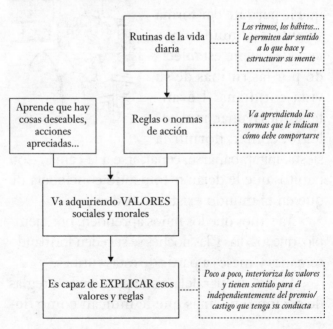

Rutinas de la vida diaria

Los ritmos, los hábitos... le permiten dar sentido a lo que hace y estructurar su mente

Aprende que hay cosas deseables, acciones apreciadas...

Reglas o normas de acción

Va aprendiendo las normas que le indican cómo debe comportarse

Va adquiriendo VALORES sociales y morales

Es capaz de EXPLICAR esos valores y reglas

Poco a poco, interioriza los valores y tienen sentido para él independientemente del premio/ castigo que tenga su conducta

La formación de los valores

Al principio, el niño asimilará los valores que sean importantes para los padres y otras personas significativas de su entorno.

Ten en cuenta que detrás de cada decisión que tomas, de cada acto de voluntad, de cada conducta que llevas a cabo, está la convicción de que algo es importante o no.

Sin darte cuenta, actúas motivado por una serie de valores que has asumido como importantes, y eso se manifiesta en todo lo que haces, sientes, piensas y dices.

Y eso es lo que va a observar tu hijo. A lo mejor no has hablado con él de valores, pero te ha visto actuar educadamente en el autobús cediendo el asiento a una persona mayor o cuidar

a un canario que tenéis en casa. Tú le haces ver las cosas que son importantes para ti.

Ésos son los valores que va a ir asumiendo tu hijo.

Al mismo tiempo, también le hablas de ellos. Si él te pregunta por qué te levantas para dejarle al asiento a la abuelita, tú le explicas que las personas mayores se cansan más y que es importante tenerlo en cuenta.

Tu hijo puede explicar que es bueno compartir, porque sí, porque se lo has dicho tú. Y puede llevar a cabo conductas que demuestran que para él es importante compartir, aunque sólo sea porque sabe que tú estarás contento cuando lo sepas.

Para tu hijo eres un modelo a seguir, y busca continuamente tu afecto. Por eso querrá comportarse como tú lo haces, como tú quieres que él se comporte.

Puede parecer que en este primer momento los valores de tu hijo son superficiales, pero no es así. Es el primer paso para ir entendiendo que los valores humanos son importantes. Poco a poco los irá interiorizando —es decir, los hará suyos—, y llegará un momento en que ya no será necesario que tú te enteres ni le premies por ello; él tendrá asumidos unos valores que le permitan comportarse y ser como desea.

CÓMO EDUCAR EN VALORES HUMANOS

La importancia de los valores humanos dependerá de la sociedad y de la cultura en las que se aplican. Sin embargo, consideramos que hay una serie de valores esenciales en la base de la formación humana.

El respeto, la tolerancia, la solidaridad, el diálogo... son fundamentales para una convivencia pacífica y deben estar presentes en la educación de nuestros hijos desde que son bien pequeños.

Otros valores —como la alegría, el optimismo, la amistad...— les permitirán disfrutar intensamente de sí mismos y de lo que les rodea.

El respeto hacia la naturaleza, el cuidado de las cosas, el orden... también son importantes para que se sientan responsables de sus vidas y empiecen a entender que forman parte de algo más amplio que es el mundo.

CRITERIOS BÁSICOS PARA TRANSMITIR VALORES

• Los valores no se imponen, se viven. Tu hijo va a asumir como bueno aquello que tú le propongas como útil y reforzante. De nada sirve, por tanto, imponer las cosas como si ser generoso o estar alegre fuera algo que se pudiera cumplir sin más.

- Es fundamental partir del ejemplo. Pedir al niño que no mienta cuando en el autobús decimos que tiene dos años menos para no pagar su billete no te ayudará a que crea en el valor de la sinceridad.

  Por otro lado, nuestro comportamiento puede dejar mucho que desear en cuanto a los valores que le estamos tratando de transmitir. Además, ya sabes que los niños no se pierden ni una. Si te ve que siempre te enfadas cuando te metes en un atasco, que insultas a los otros conductores o que te picas con alguien que te ha adelantado, realmente le será muy difícil entender que el respeto, la paciencia y la tolerancia son valores útiles, porque tú no los estás llevando a la práctica. No olvides que en esto de los valores, como en todo aquello que quieras educar, es fundamental predicar con el ejemplo.

- Necesitamos un tiempo para ir distinguiendo lo que es deseable de lo que no lo es, así que paciencia. Los valores no se asimilan de la noche a la mañana; tu hijo aprenderá el valor de las cosas, de las relaciones... a medida que crezca. Así que dale tiempo.

- Es esencial partir de lo que el niño conoce o sabe hacer. A lo largo de los diferentes capítulos hemos ido viendo lo que tu hijo conoce entre los 3 y los 6 años. Con esta visión general, sabemos mucho de lo que puede llegar a comprender. Además, hemos aprendido a respetar su propio ritmo. A tu hijo de 3 años, por ejemplo, le costará entender por qué debe compartir cuando su mente le *obliga* a pensar en lo que él necesita.

- Los frutos tardan en recogerse. Puede que tu hijo siga pegando a sus compañeros a pesar de que tú le explicas que debe respetar a los demás. No pierdas la calma; las cosas llevan su tiempo y aunque a veces te parezca que tu hijo no ha entendido nada de lo que le dices, en el fondo todo va calando y contribuyendo al desarrollo de su personalidad.

Partimos de la idea de que todos los valores se pueden y se deben transmitir desde los primeros años de vida del niño. Pero para facilitar su exposición nos centraremos en aquellos que consideramos más relevantes para los niños de entre 3 y 6 años.

Alegría

La alegría es la expresión innata del placer. Desde el primer momento de su nacimiento, tu hijo ha aprendido a distinguir en función de dos emociones básicas: el placer y el desplacer.

Por lo tanto, la alegría está presente en tu hijo desde los primeros meses de su vida. La manifestación más evidente es la sonrisa y más adelante, la risa y la carcajada.

No todos los niños son alegres, y eso no significa que no sean felices o que no disfruten de las cosas. A veces es cuestión de temperamento, y no hay que agobiarse si la alegría que expresa no es excesiva.

Ahora bien, estar alegre es sinónimo de bienestar. Por eso es importante que valoremos la alegría de nuestros hijos en un momento en que es tan manifiesta, empezando por apreciarla en nuestras vidas.

Claves para favorecer la alegría

- Disfruta del juego. Las diferentes actividades lúdicas proporcionan una magnífica oportunidad para establecer relaciones positivas con nuestros hijos. Y hay que aprovecharlas. Cuando jugamos, no nos volvemos exigentes, no importa que se hagan bien o mal las cosas, no tenemos prisa..., simplemente disfrutamos. Descubre cuáles son los juegos que más le gustan a tu hijo y que podáis realizar juntos. Y ríete con él. Es un buen momento para que redescubras el niño que hay en tu interior; así que déjate llevar.

- Cuéntale anécdotas divertidas. Puedes compartir con tu hijo situaciones graciosas de tu vida. Además, estarás favoreciendo la comunicación entre los miembros de la familia y él se sentirá seguro de poder hablar de cualquier cosa.

- Intenta tomarte con buen humor casi todo lo que te ocurra. Realmente hay situaciones que nos sacan de quicio y bromear sobre ellas, con nuestros hijos, nos permite liberar mucha más tensión que si nos ponemos nerviosos.

Respeto

Respetar implica reconocer el valor de las demás personas y cosas. Y como son valiosas hay que cuidarlas y tratarlas, al menos, igual de bien que nos gustaría que nos trataran a nosotros o a nuestras cosas.

El niño de entre 3 y 6 años va aprendiendo a relacionarse, va entendiendo que los demás son seres diferentes y que tienen sentimientos, inquietudes, intenciones, deseos...

Aunque sabemos que le va a costar llevar a cabo conductas que pongan de manifiesto que sabe respetar a los demás, lo cierto es que poco a poco consigue tener más autocontrol y no se deja llevar por los primeros impulsos.

También sabemos que es un niño bastante colaborador. Es un buen momento, entonces, para enseñarle a respetar las cosas. Aunque es normal que «destroce» sus juguetes en un intento de averiguar cómo están hechos y que muchas veces se le rompan porque no es demasiado hábil, se le puede ir enseñando a poner cuidado en lo que hace, a mantener cierto orden, a recoger lo que utiliza... Si acostumbramos al niño desde pequeño a colocar las cosas y a cuidarlas, será un hábito en los años posteriores.

Respetar a las personas es fundamental, como también lo es respetar el ambiente que le rodea. La calle, el barrio donde vive, debe ser una prolongación de su casa.

A los adultos no nos gusta encontrar las calles sucias, ni ver cómo la gente tira la basura en cualquier sitio. Con nuestros hijos, tenemos la oportunidad de ofrecerles la posibilidad de cuidar el entorno. Y eso, aunque cueste creerlo, es básicamente educación.

Respeto hacia la naturaleza

Descubrir y disfrutar de la naturaleza nos hace más humanos. Nuestras raíces están en la naturaleza y volver a ella nos permite conocernos mejor a nosotros mismos. Entre los 3 y los 6 años, los niños muestran una especial curiosidad hacia los animales, las plantas..., disfrutan en la montaña, bañándose en la playa o en el río, jugando con la arena...

Debemos aprovechar esta capacidad de disfrute y ese afán por conocer y descubrir, para favorecer en nuestros hijos el amor hacia la naturaleza.

¿Cómo podemos hacerlo?:

• **Entrando en contacto con la naturaleza.** Siempre que sea posible, es aconsejable una escapadita al campo, a la montaña, a la playa... Además de lo *oxigenante* que resulta pasar un día al aire libre, tu hijo podrá disfrutar corriendo y observando todo lo que le rodea.

• **Llevando la naturaleza a casa.** Podemos enseñar a nuestros hijos a cuidar una planta o un animal en casa. Además de facilitar su aprendizaje, le estaremos educando para que se responsabilice de otro ser vivo que le necesita.

- **Enseñando a reciclar.** La mayoría de las localidades tiene una recogida de basuras diferenciada. Tu hijo puede aprender que existen distintos contenedores y aprender a separar la basura. Pero también puede aprender que puede utilizar la ropa de su hermano, porque las cosas no se tiran mientras sean aprovechables. Y también, que un folio se puede escribir por las dos caras antes de empezar a pintar en otro. Son pequeños detalles que demuestran respeto hacia la naturaleza, pues inculcan a tu hijo que todo aquello que no reciclamos, la ensucia y la contamina.

- **Con cuentos, películas, documentales...** donde pueda aprender la vida y costumbres de los animales, los diferentes tipos de plantas, los cambios que se producen a lo largo del año en la naturaleza. Recuerda que tu hijo es una esponja y que este tema suele despertar un gran interés. Hay que aprovecharlo.

Asociados al respeto existen otros muchos valores que también podemos favorecer a estas edades:

- **La solidaridad.** Conocer a los otros implica ser consciente de sus necesidades. Desde muy pequeño, tu hijo puede aprender la importancia de compartir sus cosas con otras personas que las necesitan. Ayúdale a que lo entienda, no por caridad o por compasión, sino porque es justo que todas las personas tengan las mismas oportunidades.

- **La generosidad.** Fomenta que tu hijo comparta sus juguetes, su material y demás cosas. Enséñale que ser generoso está en la base de las verdaderas relaciones de amistad y que los buenos amigos son aquellos que comparten. Es importante que seas consciente de que a tu hijo de 3 años le va a costar compartir, forma parte de su desarrollo. En este momento todo es suyo, pero poco a poco se irá desprendiendo de los objetos. Ten paciencia.

Tiempo libre y ocio

El tiempo libre es un valor en alza. Tu hijo dispone de mucho tiempo para hacer muchas cosas, pero para ti también es importante disponer de tiempo libre para disfrutar y hacer aquello que te gusta.

En este sentido, es fundamental que reflexiones sobre lo que consideras tiempo libre y cómo empleas esas horas para reconfortarte y recuperar el equilibrio psicológico y físico.

Sí, es verdad que con un niño pequeño el tiempo libre queda muy reducido, pero no olvides que durante este periodo de vuestras vidas podéis disfrutar juntos y que tú puedes enseñar a tu hijo diferentes maneras de hacerlo.

Piensa en la forma de enseñar a tu hijo a descubrir qué es lo que puede hacer con su tiempo para que esas actividades le permitan madurar en todos los sentidos y le aporten una serie de valores que le ayuden a tomar conciencia de lo que realmente desea.

Nuestra sociedad favorece el disfrute del tiempo libre y el ocio, y la mayoría de las opciones son adecuadas. Pero no olvides que hay que ser crítico con estas alternativas y elegir aquellas que realmente permitan disfrutar del tiempo y de nosotros mismos.

El disfrute del tiempo libre con niños de 3 a 6 años no es nada complicado. Una salida al parque es suficiente para que tu hijo se sienta bien. Correr, saltar, jugar con la arena, contar hormigas... son actividades que a tu hijo le hacen sentir bien.

No olvides que...
Tu hijo tiene capacidad para disfrutar de su tiempo libre y aunque es importante que tú es-

tés con él y que disfrutéis juntos de muchas cosas, también lo es que él pueda estar solo (o con otros niños) para decidir por sí mismo qué es lo que le apetece hacer.

CAPÍTULO XXIII

Vivir nuestra salud

Por la Dra. María Sáinz

La infancia es el momento de hacer acopio de casi todos los *ladrillos* de la salud para construir una vejez con calidad de vida.

Los niños y niñas aprenden tanto en la escuela, como en la familia, los valores y modelos sociales, pero además tienen la gran oportunidad de adquirir conocimientos, actitudes y comportamientos relacionados con la salud que les van a permitir aumentar sus capacidades como personas para afrontar todas sus necesidades vitales.

La sociedad del siglo XXI posee, gracias a los medios de comunicación de masas, un gran potencial pedagógico relacionado con los modelos y valores que influyen día a día en las percepciones de los niños, y que puede apoyar o contrarrestar las influencias de los aprendizajes que se transmiten en el seno de la familia y en la escuela, tanto en lo que se refiere a la instrucción formal como a la capacitación social para vivir en comunidad.

Así las cosas, las familias tienen que comunicarse con la escuela como una entidad con valor social, no sólo pedagógico, todas las veces que necesiten y puedan, a fin de ayudar en la coeducación de los niños.

La escuela tiene que ser una estructura abierta y participativa con las familias, para desarrollar este proceso común de coeducación, formación e instrucción de la futura juventud. La sociedad entera, como escenario de la vida común, tiene que participar activamente en ese esfuerzo colectivo y dinámico de enseñar y aprender a vivir la salud.

Partiendo de estos supuestos básicos para la convivencia y el aprendizaje de la salud en la infancia, los puntos que deberíamos tener presentes son los siguientes:

• Hay que valorar la salud como un estado de bienestar físico, psíquico y social, no sólo como ausencia de enfermedad o minusvalía (como recomienda la Organización Mundial de la Salud).

• Hay que practicar estas máximas pedagógicas:
    Si lo oigo, lo olvido
    Si lo veo, lo recuerdo
    Si lo hago, lo sé.

• Hay que recordar que el juego es imprescindible como método didáctico en esta etapa.

Para favorecer nuestro potencial de salud en la etapa de 3 a 6 años, además, hay que recordar el siguiente decálogo:

La familia, el hogar y la comunidad

1. Los niños tienen que aprender a conocer su casa, las habitaciones y el uso de cada una de ellas.
2. Debemos enseñarles a prevenir los accidentes domésticos: caídas y resbalones, quemaduras, escaldaduras e intoxicaciones. Atención a los cables y enchufes. Si viaja en automóvil, hay que utilizar asiento elevador y cinturones traseros del vehículo.
3. Deben conocer su cuerpo, la anatomía básica y las funciones elementales del mismo.
4. Potenciaremos las habilidades higiénicas: ducha, lavado de manos, lavado de dientes, lavado de cara y orejas.

> *¡Después del váter,*
> *el jabón y agua abundante!*
> *¡Las manos hay que lavar*
> *y después comerás!*

5. Es recomendable que duerman unas diez horas para crecer y aprender jugando.

¡Aunque la luna no salga,
a las nueve en la cama!
¡Si a las nueve en el colegio,
a las ocho estoy despierto!

6. Favoreceremos una comida y unos alimentos adecuados para esta edad. Éstos han de ser abundantes y variados en hidratos de carbono (pan, pasta, arroz y patatas), grasas (mantequilla y aceites vegetales) y proteínas (carne, pescado y legumbres). Hay que consumir frutas y verduras (vitaminas y minerales), además de tomar mucha leche y/o derivados y otros líquidos (agua y zumos).

¡El desayuno, sin prisas:
alimenta y da risas!
¡Hablar con la boca vacía
previene de atragantamientos!

Después del rápido desarrollo y crecimiento de los dos primeros años de vida, se sigue un ritmo de crecimiento normalizado que se altera con el primer estirón, entre los 4 y los 6 años, momento en el que se incrementa aproximadamente entre 15 y 25 centímetros la estatura.

7. En cuanto a la prevención de las enfermedades, hay que recordar el calendario de vacunas: poner las dosis necesarias de re-

cuerdo de difteria, tétanos y tosferina (DTP), polio y sarampión, rubeola y parotiditis (SRP).

- La alimentación, la limpieza y las vacunas en algunos animales de compañía son muy importantes. Hay que visitar al veterinario cuando sea necesario.

- Las caries dentales se previenen con el lavado y cepillado de dientes después de las comidas. Conviene acudir al odontólogo periódicamente.

- El lavado de dientes más importante es el que hacemos después de cenar y antes de dormir.

- La completa higiene dental incluye, además de la pasta dentífrica con flúor, el uso de colutorios.

- Atención a la higiene visual y/o dificultades oculares, así como a los problemas auditivos y/o del lenguaje.

  ¡La televisión se ha de ver poco, lejos y después!

- Si se detecta algún problema específico, habrá que concertar cita con el médico pediatra y/o profesionales especializados de estos trastornos sensoriales.

- Se consultará al pediatra cuanto antes para evitar problemas en los casos de terror nocturno y la enuresis nocturna (pis en la cama).

8. Otras medidas son:
   - Promover los hábitos higiénicos personales y domésticos desde la más tierna infancia.
   - La salud mental se potencia con el juego y los juguetes que hacen crecer y favorecer las habilidades psicomotoras y socializadoras.
   - La higiene mental se favorece con música, danza, libros. Todas las artes fomentan el desarrollo sociocultural. Hay que leer y contar cuentos.
   - Propiciar la ropa, zapatos y complementos adecuados según las actividades y las estaciones del año.

La escuela y el profesorado

9. Prevenir las enfermedades desde la escuela infantil significa lo siguiente:
   - Enseñar y recordar la importancia del calendario de vacunaciones.
   - Enseñar a pedir y utilizar el botiquín escolar.
   - Enseñar el concepto básico de enfermedad a través, por ejemplo, del análisis de alguna dolencia común, como el catarro o la diarrea.

- Enseñar cuáles son los parásitos más frecuentes que se pueden padecer: piojos, oxiuros y lombrices.
- Enseñar a pedir ayuda para prevenir accidentes en la casa, escuela, plazas y calles del pueblo, barrio o ciudad.

10. Promover la salud en la comunidad escolar significa lo siguiente:
    - La escuela ha de colaborar con los padres y madres, además del consejo escolar, para hacer jornadas, campañas y programas de salud.
    - Debe hacerse hincapié en el juego como método pedagógico para favorecer los conocimientos sobre la higiene personal, de ropa, calzado y complementos.
    - Se fomentará la higiene y el orden en el aula, tanto de los juguetes, como de los libros y el mobiliario escolar.

Bibliografía recomendada

Leer te da más. Guía para padres. Ministerio de Educación, Cultura y Deporte. Madrid, 2002.

Esta guía ofrece consejos para padres para animar a la lectura de sus hijos, con pistas sobre las lecturas recomendadas y juegos para realizar en casa.

MEEKS, C.: *Recetas para educar.* Ed. Médici, Barcelona, 1993.

La autora plantea situaciones de la vida diaria que crean conflicto entre padres e hijos; con ejemplos y muchas ilustraciones, nos orienta sobre el modo de resolverlas.

NELSEN, J.: *Disciplina positiva.* Oniro, Barcelona, 2002.

La autora reflexiona sobre la disciplina, aportando pautas para iniciar a los niños en el arte de la autodisciplina. Proporciona a los padres y educadores las herramientas necesarias para ayudar a los niños a manejar su propio comportamiento.

PEINE, H.A. Y HOWARTH, R.: *Padres e hijos: problemas cotidianos de conducta.* Siglo XXI, Madrid, 1992.

Breve manual de intervención que pueden poner en práctica los padres para solucionar pequeños problemas en la conducta de sus hijos.

TIERNO, B.: *La edad de oro del niño.* Ed. Paulinas, Madrid, 1994.

Desarrollo evolutivo y pautas educativas para niños hasta los seis años.

—*Todo lo que necesitas saber para educar a tus hijos.* Plaza & Janés, Barcelona, 2000

Es un manual básico, fácil y de ágil consulta, que expone las principales fases del desarrollo del niño, los problemas más frecuentes que pueden surgir y los retos que deparan los cambios sociales y tecnológicos del nuevo milenio.

Para conocer más sobre psicología infantil:

DELVAL, J.: *El desarrollo humano.* Siglo XXI, Madrid, 1994.

FRANCO, T.: *Vida afectiva y educación infantil.* Narcea, Madrid, 1988.

GARCIA MANZANO, E.; DEL ROSARIO DOMINGUEZ, J.; PÉREZ GLEZ. J.: *Biología, Psicología y Sociología del niño en edad preescolar.* Ediciones CEAC, Barcelona, 1984.

MARCHESI, A.; CARRETERO, M. Y PALACIOS, J.: *Psicología evolutiva.* Alianza Editorial, Madrid, 1991.

SELIGMAN, M.E.P.: *Niños optimistas. Cómo prevenir la depresión en la infancia.* Barcelona, Grijalbo, 1999.

TURIEL, E.; ENESCO, L. Y LINAZA, J.: *El mundo social en la mente infantil.* Alianza Psicología, Madrid, 1989.

Direcciones web:

En las siguientes páginas web encontrarás información diversa sobre el desarrollo del niño, así como consejos prácticos para educar:

www.cnice.mecd.es/recursos2/e_padres
www.cibereduca.com
www.educar.org
www.cyberpadres.com

Este libro se terminó de imprimir
en los talleres gráficos de Unigraf, S. L.
Móstoles (Madrid) el mes de enero de 2004